# Das Sokratische Gespräch im Unterricht

»Sokratisches Philosophieren«
Schriftenreihe der
Philosophisch-Politischen
Akademie
Band VII

Verantwortlich für den Thementeil
Rainer Loska

dipa-Verlag Frankfurt am Main

Die Deutsche Bibliothek – CIP-Einheitsaufnahme

Das Sokratische Gespräch im Unterricht / hrsg.
von Dieter Krohn, Barbara Neißer und Nora Walter –
("Sokratisches Philosophieren"; Band 7)
    ISBN 3-7638-0528-1

1. Auflage 2000

© dipa-Verlag GmbH, Friesstraße 20–24, 60388 Frankfurt am Main
Alle Rechte vorbehalten
Verantwortlich für den Thementeil: Rainer Loska
Druck und Verarbeitung: Prisma, Frankfurt
Printed in Germany

ISBN 3-7638-0528-1

# Inhaltsverzeichnis

Vorwort 7

Jos Kessels
Die Beziehung zwischen Theorie und Praxis.
Anspruch oder Zumutung 11

Ulf Mühlhausen
Deterministische und überraschungsoffene Unterrichtsmodelle 32

Mechthild Goldstein
Wir mußten selber denken.
Ein Sokratisches Experiment im Mathematikunterricht der
Jahrgangsstufe 8 und 9 einer Hauptschule 48

Ingrid Delgehausen
Erfahrungen mit dem Sokratischen Gespräch im
Grundschulunterricht 55

Rene Saran
Socratic Dialog in a secundary School 61
School Rules and their Application

Klaus Draken
Eignet sich das Sokratische Gespräch für die Schule?
Überlegungen aus der Sicht des Philosophieunterrichts
an der gymnasialen Oberstufe 68

Gisela Raupach-Strey
Die Bedeutung der Sokratischen Methode
für den Ethikunterricht 90

*Diskussion* 105

Kay Herrmann
Transzendentalphilosophie und moderne Physik 107

Jörg Schroth
Bericht über das Fries-Symposion »Probleme und
Perspektiven von Jakob Friedrich Fries' Erkenntnislehre
und Naturphilosophie« vom 9.–11. Oktober 1997 in Jena 131

Gisela Raupach-Strey
Nelsons Freundschaftsideal. Nora Walter zum 75. Geburtstag 138


*Berichte und Informationen* 147

Sokratische Gespräche und Veranstaltungen des GSP 149

Jaroslav Novotny
Das Sokratische Gespräch – eine besondere Seminarform 154
(Aus der Sicht eines Teilnehmers)

# Vorwort

Welches Potential steckt in der Sokratischen Methode? Wie weit wäre es wünschenswert, daß sich diese Methode verbreitet? Die besondere Form des Sokratischen Gesprächs, wie sie der Göttinger Philosoph Leonard Nelson Anfang des Jahrhunderts entwickelt hat, konnte immer wieder bei denen, die sie erfahren haben, Begeisterung erwecken. Für Gustav Heckmann war die Begegnung mit dieser Methode so prägend, daß sie sein Leben mit bestimmte. Zu den Enthusiasten gehörte Minna Specht, die in der Zeit nach dem 2. Weltkrieg Martin Wagenschein mit der Nelsonschen Form der Sokratischen Methode bekannt machte, so daß sie dieser explizit als wesentlichen Bestandteil in sein Konzept der genetischen Methode aufnahm. Ein weiterer Begeisterter war Rudolf Küchemann, Lehrer an einer Göttinger Oberrealschule, der nicht nur in der Schule, insbesondere im Mathematikunterricht sokratisch unterrichtete, sondern auch versuchte, mit Hilfe von Lehrvorführungen mit seiner Klasse auch anderen Lehrern die Methode nahe zu bringen.[1] Bis zum Jahr 1933 wuchs das Interesse, jedoch wurden weitere Bemühungen durch den Einbruch der Nationalsozialisten erst einmal gestoppt.

Nach 1945 knüpfte man an die unterbrochenen Ansätze aus der Zeit vor 1933 und dem Exil wieder an.[2] Insbesondere baute Gustav Heckmann, mittlerweile Professor für Pädagogik und Philosophie an der Universität Hannover, eine Tradition auf und richtete sokratisch arbeitende Seminare an der Universität und in der Lehrerweiterbildung auf Schloss Schwöbber ein. Diese stille Tradition konnte jahrzehntelang existieren und lebt bis heute fort. Es gelang aber nicht, die professionelle Öffentlichkeit in einem solchen Maße auf sich aufmerksam zu machen, daß die Sokratische Methode in der Nelson-Heckmann Tradition ausreichend bekannt und gebührend ernst genommen wurde.

Eine der Ursachen liegt wohl darin, daß sich diese komplexe Methode sehr schwer verbal, in rein beschreibender Weise so darstellen läßt, daß auch jemand, der ihre Anwendung nicht selbst erlebt hat, ein hinreichend deutliches Bild von ihr gewinnt. Deshalb sagte Nelson in seiner Rede über die Sokratische Methode im Jahr 1922: »Wollte ich daher von der Sokratischen Methode eine rechte Vorstellung geben, so müßte ich meine Rede hier abbrechen und, statt Ihnen etwas vorzutragen, mit Ihnen eine philosophische Frage nach Sokratischer Methode behandeln.«[3] Er brach sie jedoch nicht ab und so ist neben der weiter lebenden Tradition ein wichtiges Dokument erhalten, auf das immer wieder Bezug genommen werden kann. Mittlerweile gibt es eine große Anzahl von Dokumenten, Berichten und Abhandlungen zur Sokratischen Methode. Trotzdem ist die Lage nicht zufriedenstellend. Gerade die Anwendung der Methode im Schulunterricht liegt im Argen. Warum das so ist, würde eine ausführliche Betrachtung erfordern. Offenbar verlangt jedoch die Anwendung der Methode besondere Erfahrungen, Kenntnisse und möglicherweise eine Änderung der Einstellung zum Unterrichten, die nicht zu vorherrschenden Gewohnheiten und Ansichten der bislang üblichen Lehrerbildung paßt. Auf der im November 1996 statt gefundenen Tagung in Würzburg »Die Sokratische Methode – ein provozierendes didaktisches Modell« wurde versucht, das Besondere der Sokratischen Methode im Unterschied zu der in Deutschland weit verbreiteten fragend-entwickelnden Methode herauszustellen.

Die beiden dort gehaltenen Hauptvorträge von Jos Kessels und Ulf Mühlhausen stellen die Sokratische Methode in einen größeren Zusammenhang. Jos Kessels geht in seinem Beitrag »*Die Beziehung zwischen Theorie und Praxis: Anspruch oder Zumutung*« auf die Unterscheidung von Phronèsis und Epistème bei Aristoteles zurück. Damit sind zwei unterschiedliche Arten des Wissens gemeint, von denen eine, die Phronèsis als »praktische Weisheit oder Wahrnehmungswissen« in der philosophischen Tradition vernachläßigt wurde. Jos Kessels zeigt, daß sie gerade in der Lehrerausbildung von Bedeutung ist, und dabei helfen kann, das Problem der Kluft zwischen Theorie und Praxis zu lösen. Er führt aus, wie das Phronèsis-Konzept bei der Behandlung und Gewichtung des Beispiels im Sokratischen Gespräch zum Tragen kommt.

Ulf Mühlhausens Vortrag untersucht »*Deterministische und überraschungsoffene Unterrichtsmodelle.*« Er unterzieht den fragend-entwickelnden Unterricht einer grundlegenden Kritik. Er zeigt, daß diesem Modell ein enges Kausalitätsdenken zugrunde liegt. Lehrerhandlungen lösen das erwartete Schülerverhalten aus, welches wiederum die nächstfolgende vorab geplante Lehrerhandlung in Gang setzt. Die Logik der Planung eines solchen Unterrichts wertet unerwartetes Verhalten der Schüler als Planungsfehler und führt zu noch intensiverer Planung gleichen Typs. Die Illusion, Unterricht sei im einzelnen vollständig planbar, geht von einem deterministischen Standpunkt aus. Das Sokratische Gespräch dagegen ist grundsätzlich »überraschungsoffen« und somit auch realistischer.

Vier Aufsätze befassen sich mit der Anwendung der Sokratischen Methode im Schulunterricht. Sie sind jeweils von Lehrern beschrieben, die über ihre eigenen Versuche berichten. Mechthild Goldstein führte in einer 8. und 9. Hauptschulklasse ein sokratisches Experiment im Mathematikunterricht durch, das von einem Lehramtsstudenten begleitet wurde. Die Erfahrung vieler Schüler dabei läßt sich in dem Satz »Wir mußten selber denken« zusammenfassen, der auch den Titel des Aufsatzes ausmacht. Interessant dabei ist, daß bei gelegentlichen »Rückfällen« in lehrerzentrierte Phasen des fragend-entwickelnden Unterrichts die Schüler prompt Verhaltensweisen zeigten, die z. B. Mühlhausen in seinem Beitrag kritisiert. Jedoch haben die Schüler, die nach dem Experiment interviewt wurden, sämtlich die Erfahrung des gemeinsamen »Selberdenkens« als eindrucksvoll und für den Schulunterricht als untypisch empfunden.

Ingrid Delgehausen berichtet von einem bemerkenswerten Versuch, Sokratische Gespräche mit Schülern der 2. und 4. Klasse in der Grundschule zu führen. Das gemeinsame Thema »Was ist Freundschaft?« wurde von den Schülergruppen mit einer Ernsthaftigkeit und Intensität behandelt, wie man es wohl Kindern dieses Alters nicht zutrauen würde. Ingrid Delgehausen setzt aufgrund ihrer positiven Erfahrungen diese Gespräche auch fort.

Rene Branton führte in einer Londoner Gesamtschule mit Schülern der Klassen 8 bis 10, die von ihren Mitschülern in den Schulrat gewählt wurden, ein Sokratisches Gespräch zum Thema »Sind Regeln notwendig?« durch. In ihrem Bericht wird der Verlauf des Gesprächs – von der Suche und Wahl eines erlebten Beispiels über dessen gemeinsame Analyse bis zur Einigung auf einige, wohl begründete allgemeine Aussagen – deutlich. Auch hier wird die Ernsthaftigkeit der 14-16jährigen Schüler beim Gespräch herausgestellt.

Klaus Draken hielt seine Gespräche, über die er berichtet, im Philosophieunterricht einer gymnasialen Oberstufe ab. Er beschäftigt sich weiter mit der Frage »Eignet sich das 'Sokratische Gespräch' für die Schule?«, eine Frage, die besonders in der letzten Zeit aktuell geworden ist, seit in mehreren Bundesländern »Ethik« bzw. »Praktische Philosophie« als Unterrichtsfach eingeführt bzw. in größerem Ausmaß durchgeführt wird. In den Lehrplänen wird der Terminus »Sokratische Methode« verwendet, aber nicht weiter erläutert.

An diese Thematik knüpft Gisela Raupach-Streys Aufsatz an. Sie diskutiert, wieweit die Sokratische Methode in der Nelson-Heckmann Tradition besonders für den Ethik-Unterricht geeignet ist. Sie spricht dabei an, daß für die Leitung eines solchen Gesprächs besondere Anforderungen an die Lehrer bzw. Gesprächsleiter, damit auch besondere Aufgabe in der Lehrerbildung gestellt werden.

Die Beiträge im Thementeil dieses Bandes ermutigen dazu, dem Sokratischen Gespräch im Schulunterricht endlich mehr Raum zu geben. Offenbar erfüllt diese Gesprächsform bestimmte Kriterien, die sie für bestimmte Zwecke geeignet macht. In den Berichten über sokratische Experimente in der Schule geben nicht nur die Erfahrungen der Gesprächsleiter, sondern insbesondere die dort dokumentierten Rückmeldungen der Schüler Hoffnung, daß die Gesprächsform Möglichkeiten eröffnet, die sonst so nicht vorhanden waren. Jedoch kann bei allem Optimismus nicht übersehen werden, daß über die Eigenberichte von Gesprächsleitern hinaus eine empirisch angelegte Untersuchung über die Anwendung der Methode not tut. Nur so können die Möglichkeiten, die in dieser Methode stecken, erkundet und professionell ausgewertet werden. Dabei ist nicht zu übersehen, daß es wenig Lehrer gibt, die in dieser Methode ausgebildet sind. Die Beiträge im vorliegenden Band zeigen, daß die Sokratische Methode es wert ist, auf ihr Potential für den Unterricht geprüft zu werden.

*Nürnberg, 1999* *Rainer Loska*

Anmerkungen

1 Näheres zur Geschichte der Sokratischen Methode in: Loska, Rainer: Lehren ohne Belehrung. Leonard Nelsons neosokratische Methode. Bad Heilbrunn 1995
2 Minna Specht und Gustav Heckmann unterrichteten bei der Weiterführung des Landschulheims Walkemühle im dänischen und englischen Exil Schülergruppen sokratisch. Siehe Nielsen, Birgit S.: Erziehung zum Selbstvertrauen, Wuppertal 1985
3 Leonard Nelson, Gesammelte Werke, Bd. 1, Hamburg 1970, S. 271

Jos Kessels

# Die Beziehung zwischen Theorie und Praxis: Anspruch oder Zumutung?[1]

*Abstract*

During the 20th century scholarly thinking has been dominated by a strong inequality between theory and practice. Abstract knowledge was considered to be of a higher standing and of more value than concrete skills or the tacit knowledge of good performance. Much of the educational research concentrated on theory formation, both descriptive, for explanation, and prescriptive, for behavioral instructions. Consequently, educationalists in different subjects and professions were confronted with the problem of bridging the gap between theory and practice, a task that never seemed to succeed very well.

During the past few decades this problem has been analyzed in as different fields as education (Schön, Fenstermacher) anthropology (Geertz), epistemology (Rorty, Toulmin, Lyotard), and ethics (Nussbaum). In different ways these scholars developed alternative models of knowledge.

For the justification of such alternative models, several authors, especially in the philosophical domain, refer to the classical controversy between Platon's and Aristotle's conceptions of rationality (epistèmè versus phronèsis).

In this article the characteristics of these different types of rationality are discussed, and the consequences for teacher education of the shift from epistèmè to phronèsis. A revaluation of practical knowledge will be proposed, as well as an alternative view of the relationship between theory and practice. Finally some remarks are made about the intellectual discipline that these notions originate from, the socratic dialogue as practiced in the Nelson-Heckmann Tradition.

# Einführung

Betrachten wir das folgende Beispiel: Ein Lehramtsstudent wird in einem Pädagogikkurs an der Universität gefragt, wie es ihm im Schulpraktikum ergeht. Er antwortet, daß er recht gut zurechtkommt: Er hält Ordnung, sorgt für Disziplin, hat verschiedene Unterrichtsmethoden und unterschiedliche Organisationsformen in der Klasse erprobt, hat mehrere Tests mit den Schülern durchgeführt und guten Kontakt zu seinem Mentor. Auf die Bitte, auch einige problematische Punkte zu nennen, antwortet er, er habe Schwierigkeiten, eine persönliche Beziehung zu den einzelnen Schülern zu finden. Die Arbeit mit der ganzen Klasse als Gruppe sei kein Problem, aber einen mehr persönlichen Kontakt zu knüpfen, falle ihm schwer. Das habe ihm auch sein Mentor gesagt. Auch einige seiner Mitstudenten, die seine Unterrichtsversuche gesehen haben, bestätigen diese Schwierigkeiten. Der Dozent fragt dann die Teilnehmer des Kurses, was man gegen diese Schwierigkeit tun könne. Daraufhin beginnen Studenten, Ratschläge zu geben: Er könnte durch das Klassenzimmer gehen, könnte seine Unterrichtsstunden so planen, daß sich Gelegenheit zu kleinen Gesprächen mit einzelnen Schülern ergäbe, er könnte mehr individuelle Aufgaben stellen oder nach dem Unterricht mit Schülern sprechen. Er könnte auch die neuere Fachliteratur[2] zu geeigneten Verhaltenshinweisen nachschlagen. Der fragliche Student hört höflich jedoch mit einem leeren Gesichtsausdruck, der Skepsis und Ablehnung erkennen läßt, zu. Er zeigt kein Zeichen von Zustimmung. Schließlich sagt er, daß er all dies schon früher gehört habe, aber nicht wisse, was er damit anfangen solle, denn: »In meinem Fall scheinen all diese Dinge irgendwie nicht zu funktionieren.«

Die meisten Studienleiter werden diese Situation kennen. Ein Lehramtsstudent berichtet von Problemen aus seiner praktischen Erfahrung, was die anderen Studenten oder auch den Dozenten selber veranlaßt, mögliche Lösungen dafür vorzuschlagen, sei es aus der eigenen Erfahrung oder solche, die sie gehört oder in Texten gelesen haben. Manchmal scheint solch ein Gedankenaustausch zu helfen: Er kann zu neuen Vorschlägen führen, zu Ideen, die so einleuchtend sind, wenn man erst einmal daran gedacht hat, die einem aber vorher einfach nicht eingefallen sind. Sie können auch einen Prozeß der Reflexion über das eigene Verhalten und darüber, wie dies mit dem

Problem zusammenhängt, in Gang setzen. Studenten können dadurch auch angeregt werden, in Handbüchern oder in Studien nach didaktischen Methoden und Verfahren zu suchen. Manchmal – öfter als uns lieb ist – nützt dies aber offensichtlich alles nichts. Was uns klar erscheint, ist nicht einleuchtend für den Studenten. Was uns unmittelbar anwendbar in der Praxis erscheint, erscheint einem anderen zu abstrakt, zu theoretisch, zu weit hergeholt. Was uns offenkundig und leicht verständlich erscheint, dringt nicht zu ihm durch. Wie sehr wir uns auch bemühen, sein Problem zu begreifen, wir finden keinen Zugang zu ihm. Oder aber, wir scheinen durchgekommen zu sein und den Studenten erreicht zu haben, doch nachher stellt sich heraus, daß er nicht einmal versucht hat, den gegebenen Rat anzuwenden. Offenbar gibt es eine Kluft zwischen unseren Worten und seinen Erfahrungen, eine Kluft, die wir nicht überbrücken können.

Wie soll man ein solches Problem erklären? Wie kann es gelöst werden?

In diesem Artikel werde ich verschiedene Interpretationen des Problems geben, die zu zwei verschiedenen Verhaltensmustern führen. Die Interpretationen beruhen nicht nur auf verschiedenen Auffassungen darüber, was der Lehramtsstudent braucht und was wir, die Ausbilder, ihm anbieten sollen. Sie gründen sich auch auf eine breitere, weitgehend stillschweigende Vorstellung darüber, was Wissen ist und welche verschiedenen Typen von Rationalität es gibt. Dies ist in erster Linie ein philosophisches Thema, und zwar eine uralte Kontroverse. Die Diskussion darüber geht bis zu den Anfängen der abendländischen Philosophie zurück, vor allem auf Platon und Aristoteles.

Ich beginne diese Untersuchung mit einer kurzen Darstellung der Unterschiede der beiden Wissenskonzepte, die im Zusammenhang mit dem dargestellten Problem stehen. In der Tat unterscheiden Aristoteles und Platon mehrere Typen des Wissens, z. B. technisches, gestalterisches Wissen, philosophische Weisheit und intuitives Wissen. Diese will ich hier jedoch unberücksichtigt lassen und mich auf die Unterscheidung zwischen Epistèmè und Phronèsis konzentrieren, zum einen aus Gründen der Klarheit, zum anderen, weil trotz aller Sorgfalt, mit der diese Unterscheidung in der Vergangenheit getroffen wurde, sie bis heute für viele Personen (Wissenschaftler und Praktiker) immer noch unklar bleibt und dies nach wie vor ein Hauptgrund für einen uneffektiven Umgang mit der Lehrerausbildung ist.

Man mag fragen, welchen Sinn es hat, solche antiken Standpunkte hier auszugraben. Sind wir heute nicht wesentlich weiter? Haben wir in 2.500 Jahren nicht zu viele Fortschritte gemacht, um zu den allerersten Anfängen der Debatte zurückzukehren? Offenbar nicht! Vor fünfundzwanzig Jahrhunderten wurde die gleiche Art von Problemen, denen Ausbilder von Lehrern heute gegenüberstehen, von Philosophen gründlich studiert und zu fruchtbaren theoretischen Systemen entwickelt. Die meisten modernen Forscher sind sich dieser Tatsache nicht bewußt. In letzter Zeit haben jedoch einige Wissenschaftler begonnen, diese Wurzeln wieder zu entdecken.[3] Wir wollen sehen, was dieses Unternehmen zur Lösung unseres Problems anzubieten vermag.

## Wissen als Epistèmè

Eine Erklärung des Problems könnte folgendermaßen lauten: Wir brauchen, um das Problem des Studenten zu lösen, eine Form des Fachwissens über dieses spezielle Problem: Wissen über soziale Fertigkeiten, über Formen der Vermittlung, über Kommunikationsmodelle. Dieses Wissen ist im Idealfall mit einem wissenschaftlichen Verständnis des Problems verbunden und weist die folgenden Charakteristika auf: Es ist propositional, d.h. es besteht aus einer Reihe von Feststellungen, die erklärt, untersucht und vermittelt werden können usw. Diese Feststellungen sind allgemeiner Art, sie treffen auf viele verschiedene Situationen und Probleme zu, nicht nur auf diese. Sie sind daher abstrakt formuliert. Natürlich wird von diesen Aussagen behauptet, daß sie wahr sind, ihre Wahrheit sollte möglichst beweisbar sein, sie können mindestens als Teil einer Theorie betrachtet werden, mit der sie übereinstimmen, was einen Hinweis auf ihre Wahrheit bedeutet. Weil sie wahr sind, sind sie auch feststehend, zeitlos und objektiv. Und durch ihre Verbindung mit der Theorie sind sie ein Teil des größeren Bereichs der Sozialwissenschaft. Außerdem sind sie ihrer Natur nach völlig kognitiv, es sind rein intellektuelle Einsichten, unbeeinflußt von Emotionen oder Wünschen. Man betrachtet dieses Wissen als von größter Bedeutung, die besondere Situation und der Zusammenhang sind nur ein Beispiel für die Anwendung des Wissens. Es ist nicht schwer, diese Charakteristika als Merkmale von Platons rein intellektuellen Formen oder Ideen und seines mathematischen Wissens-Ideals zu erkennen, das er Epistèmè nannte.[4]

Nach dieser Erklärung muß der Lehrerausbilder, um das Problem seines Studenten zu lösen, dieses Wissen zur Verfügung haben und es so anwenden können, daß dem Studenten wirklich dadurch geholfen wird. Beide Bedingungen sind in der Praxis sehr schwer zu erfüllen. Das Wissen soll angeblich durch Studium von Literatur über Lehrerausbildung und Sozialwissenschaft verfügbar sein. Aber welches Wissen ist in diesem Fall relevant? Das ist für den Studienleiter das erste Problem.

Ist es ein theoretisches Modell zwischenmenschlichen Verhaltens?[5]

Ist es Watzlawicks Systemtheorie?[6]

Ist es eine Motivationstheorie aus dem Bereich der Sozialpsychologie?[7]

Nehmen wir an, er betrachtet als das relevante Wissen einige Aspekte aus Watzlawicks Theorie, wie etwa die Unterscheidung zwischen dem Inhalt einer Mitteilung und ihren Beziehungsaspekten und den möglichen Widerspruch zwischen den verbalen und nonverbalen Aspekten der Kommunikation. Dies sind allgemeine, abstrakte und weitgehend akzeptierte Unterscheidungen mit einer so festen theoretischen Grundlage, daß sie als Wahrheiten betrachtet werden dürfen.

Dann gibt es ein zweites Problem für den Studienleiter: Wie können diese Wahrheiten in einen Lernprozeß des Studenten umgewandelt werden, der für sein beschriebenes Problem relevant ist? Sollte der Studienleiter die Unterscheidungen einfach darstellen und den Studenten auffordern, sie in seinem eigenen Verhalten anzuwenden? Oder sollte er versuchen, die Unterscheidungen induktiv einzuführen, indem er Fragen über die genaue Art des Verhaltens des Studenten stellt? Nehmen wir an, seine eigene Diagnose des Problems stimmt mit Watzlawicks Systemtheorie in folgendem überein: Das ständige Bedürfnis des Studenten nach Kontrolle und seine Furcht vor Unordnung sind gerade ein Teil der Ursache für die Situation, gegen die er sich wehrt; natürlich wird es Situationen geben, die dem Studenten andererseits in seiner Überzeugung recht geben, daß Kontrolle unerläßlich ist, usw.; was zu dem bekannten Circulus vitiosus führt. Natürlich kann es auch andere Arten geben, mit dem Problem umzugehen. Aber welche Form der Studienleiter auch wählen mag, seine zugrundeliegende Konzeption von Wissen bleibt immer dieselbe, nämlich die, daß eine feststehende Lösung gefunden werden kann, indem man das Beispiel als Anwendungsfall einer wissenschaftlichen Theorie über wirksames Lehrerverhalten versteht und unter die allgemeine theoretische Aussage unterordnet. Das Problem besteht nun darin, wie man den Studenten dazu bringt, diese zu begreifen.

Hier besteht eine Kluft zwischen Theorie und Praxis, durch die sowohl der Dozent wie der Student behindert wird. Die Aufgabe des Ausbilders ist es, diese Kluft zu überbrücken, und wie unserem Studenten mißlingt dies dem Ausbilder ebenso oft. Gemäß dieser epistèmischen Denkweise betrachtet man es jedoch nicht so sehr als einen Mangel der Theorie, des verfügbaren Wissens selber, als vielmehr als ein Versagen bei der Anwendung (die Art des Umgangs mit dem Wissen) oder als eine noch unzulängliche Verfügbarkeit sozialwissenschaftlicher Kenntnisse. Mit anderen Worten, die Parallele zum Lernen der Mathematik – die so deutlich in Platons Wissenskonzeption dominiert – wird niemals wirklich aufgegeben: An dem Wissen selber ist gar nichts falsch. Wie könnte es auch, wenn dies Wissen beweisbar und objektiv wahr ist wie in der Mathematik? Das Problem liegt im Anwender des Wissens. Wenn der Dozent in diesem Fall vielleicht ein idealerer Studienleiter gewesen wäre, besser in der Lage wäre, mit Watzlawicks Theorie umzugehen, hätte er seinen Studenten veranlassen können, die Wahrheit zu erkennen, die dieser jetzt nicht sieht.

## Wissen als Phronèsis

Die zweite Interpretation unseres Beispiels geht von der Voraussetzung aus, daß die obige Darstellung aus mehreren Gründen nicht richtig ist. Der wichtigste Grund ist der, daß an der dargestellten Konzeption von Wissen etwas grundsätzlich falsch ist. Man braucht hier nicht wissenschaftliches Verständnis, sondern praktisches Wissen, Lebensklugheit (Phronèsis). Dies ist eine grundsätzlich andere Art von Wissen, es befaßt sich nicht mit wissenschaftlichen Theorien, sondern mit dem Verständnis spezifischer konkreter Fälle und komplexer oder unklarer Situationen. Die beiden Arten von Wissen unterscheiden sich in mehreren entscheidenden Aspekten.[8]

*Zunächst:* Wissenschaftliches Wissen ist universal. Was immer wir wissenschaftlich wissen, ist allgemeingültig. Aber die Dinge, mit denen es die praktische Klugheit zu tun hat, sind ihrer Natur nach variabel. Zum Beispiel: Wenn gleich Watzlawicks Theorie allgemeingültig sein mag, »gestattet sie dennoch eine Vielzahl von Optionen«, hinsichtlich der Frage, welche Verhaltensweise für unseren Studenten im Beispiel die richtige ist – »wie alle klugen und richtigen Maßnahmen« nach Aristoteles.[9] Das bedeutet nicht, daß Lebensklugheit, praktische Weisheit, sich an keine allgemeinen Regeln hielte. Das tut sie gewiß. Aber »sie muß auch die besonderen Tatsachen berücksichtigen, da sie sich mit praktischen Tätigkeiten befaßt, bei denen es immer um besondere Dinge geht«.[10] Allgemeines theoretisches Wissen zur Verfügung zu haben, ist also nicht genug. Das ist genau das Problem, das sowohl der Student wie sein Studienleiter im Beispiel erleben. Sie brauchen noch etwas anderes, um ihr Problem zu lösen.

*Zweitens:* Dieses »etwas andere« ist ein Wissen anderer Art, nicht abstrakt und theoretisch, sondern genau das Gegenteil: Wissen über die konkreten Einzelheiten. Das beinhaltet einen zweiten Unterschied zwischen wissenschaftlichem und praktischem Wissen, und der betrifft die Basis, auf der die Erkenntnissicherheit beruht. Beim wissenschaftlichen Wissen liegt die Sicherheit im Erfassen theoretischer Konzepte und Prinzipien. Bei der Lebensklugheit erwächst die Sicherheit aus der Kenntnis von Einzelheiten. Alles praktische Wissen ist kontextabhängig und gestattet den kontingenten, situationsbedingten Faktoren des jeweiligen Falles letztlich die Oberhand gegenüber den Prinzipien.[11]

Dies ist nach Aristoteles der Grund dafür, »daß manche (Menschen), die keine Wissenschaft haben, praktischer und geschickter sind als andere mit ihrem Wissen; besonders sind dies Leute mit viel Erfahrung.« Er fügt hinzu, daß Phronèsis beide Arten von Verständnis benötigt: Wissen über die besonderen Tatsachen und ein Verständnis des Allgemeinen, aber – im Gegensatz zum Epistèmè-Konzept des Wissens, ist das erste wichtiger als das zweite.[12] Um also eine Lösung für das Problem im Beispiel zu finden, sollten wir vielleicht nicht im theoretischen Bereich nach Hilfe suchen, sondern lieber bei den konkreten Einzelheiten des Falles ansetzen.

*Drittens:* Die beiden Arten des Wissens unterscheiden sich hinsichtlich ihrer Geltungskriterien, in der Art, wie letztlich ihre Geltung endgültig gerechtfertigt wird. In der Wissenschaft ist das Wissen im wesentlichen konzeptionell, alle Aussagen und Argumente werden durch grundlegende Prinzipien bestimmt, durch Regeln oder Theoreme, auf die sie durch begriffliche Erklärungen zurückgeführt oder aus denen sie durch formale Deduktion gewonnen werden können. Im Bereich des praktischen Wissens ist die Situation ganz anders. »Phronèsis befaßt sich mit der letzten Besonderheit (to eschaton) und das ist ein Objekt der Wahrnehmung *(aisthèsis)* statt der wissenschaftlichen Erkenntnis.«[13] Mit anderen Worten, solches Wissen ist wesentlich perzeptuelles statt konzeptuelles Wissen. Das ist ein entscheidender Unterschied.

Wir wollen wieder unser Beispiel betrachten, um das zu illustrieren. Um eine bestimmte Vorgehensweise zu wählen und zu rechtfertigen (sei es für den Lehramtsstudenten in seiner Klasse oder für den Studienleiter bei der Supervision seiner Studenten) wird bei Phronèsis letztlich nicht nach Prinzipien, Regeln, Theoremen oder irgendwelchem konzeptionellen Wissen gefragt.

Es geht vielmehr um die Wahrnehmung der Situation. Denn um eine Verhaltensweise wählen zu können, die der Situation angemessen ist, muß man vor allem deren relevante Einzelheiten wahrnehmen und unterscheiden können. Diese können nicht in einer allgemeinen, abstrakten Form vermittelt werden. Sie »müssen in der Begegnung mit der Situation selber erfaßt werden, durch eine Fähigkeit, die geeignet ist, dem Ganzen als einer komplexen Einheit zu begegnen«.[14] Diese Fähigkeit zu beurteilen und zu unterscheiden bezieht sich viel mehr auf das Wahrnehmen oder Begreifen von konkreten Einzelheiten als auf Prinzipien und Allgemeinheiten. Letztere »sind nicht in der Lage, die konkreten Einzelheiten genau zu erfassen, um die es bei der Entscheidung geht«, schreibt Nussbaum.[15] Ihnen fehlt nicht nur das Konkrete, sondern auch Flexibilität, Feingefühl und Stimmigkeit bezüglich der gegebenen Situation.

Aristoteles benutzt eine lebendige Metapher, um diesen Gedanken zu illustrieren. Er sagt, daß ein Mensch, der versucht, jede Entscheidung auf ein feststehendes grundlegendes Prinzip zurückzuführen, an dem er unwandelbar festhält, einem Architekten gleicht, der ein gerades Lineal an den komplizierten Kurven einer kannelierten Säule zu benutzen versucht. Statt dessen würde ein guter Architekt, wie der Baumeister von Lesbos, mit einem biegsamen Metallstreifen messen, der »sich krümmt, um sich der Form des Steins anzupassen, und der nicht starr ist«.[16] Sorgfältige Betrachtung kann, wie dieser Metallstreifen, sich dem Vorgefundenen anpassen und darauf reagieren unter Berücksichtigung der Komplexität der Situation. Sie geht nicht davon aus, daß die Form des Lineals die Erscheinungen bestimmt. Sie gestattet vielmehr den Erscheinungen ihre eigene Gestalt und hält sie für normativ bezüglich der Eignung des Meßgeräts.

## Die Sache des Praktischen

Man mag einwenden, daß diese Argumente nichts gegen den Wert von Wissenschaft und Epistèmè, gegen Regeln, Prinzipien und Theoreme als Formen konzeptionellen Wissens sagen. Denn wenn sie genau und kompliziert genug gefaßt werden können, werden sie geeignet sein, den feinabgestimmten, vielfältigen Details konkreter Erfahrungssituationen zu entsprechen. Doch dieser Einwand verfehlt die ganze Wucht von Aristoteles' Kritik an dem universalen, konzeptionellen Wissen. Nach seiner Meinung können praktische Entscheidungen nicht einmal grundsätzlich durch ein System allgemeiner Regeln vollständig erfaßt werden. »Die Sache des Praktischen« ist, da sie ihrer Natur nach veränderlich, eigenartig und wahrnehmungsabhängig ist, grundsätzlich unbestimmt und nicht scharf umrissen. »Wir sollten uns von Anfang an einig sein, daß jede Aussage (logos), die Dinge der Praxis betrifft, nur grob und nicht präzise formuliert sein kann, da wir zu Beginn festgestellt haben, daß Aussagen über eine praktische Sache nur so weit genau formuliert werden können, wie die Sache selbst präzise ist«, schreibt er.[17] Und die vorliegende Sache, die Sache des Praktischen, ist ihrer Natur nach unbestimmt. Sie erfordert »Feingefühl und Reaktionsbereitschaft, Anpassungsfähigkeit, den richtigen Zungenschlag und eine Sicherheit des Empfindens, die in keinerlei allgemeiner Beschreibung angemessen dargestellt werden könnten«, schreibt Nussbaum.[18]

Wir können diese Notwendigkeit der Reaktionsfähigkeit und der Anpassung deutlich in noch einem anderen Bereich aufzeigen, in der Rechtspraxis. »Alle Gesetze sind allgemeingültig«, sagt Aristoteles, »aber über manche Dinge läßt sich kein Gesetz geben.«[19] Daher erfordert das Recht etwas, das über die Gesetze hinausgeht. Gerechtigkeit kann in der Praxis nur erreicht werden, wenn *nomos* – die

Geltung des Gesetzes – durch *epieikeia*, durch Angemessenheit oder Billigkeit, also die vernünftige und praktikable Anwendung der allgemeinen Gesetze, ergänzt wird.[20] Das macht die allgemeine Regelung nicht zu einem falschen Gesetz: »Denn der Fehler liegt weder an dem Gesetz noch an dem Gesetzgeber, sondern in der Natur der Sache. Im Gebiet des Handelns ist die ganze Materie von vornherein so, [daß allgemeine Bestimmungen nicht zutreffen. – JK]. Wenn demnach das Gesetz spricht, aber in concreto ein Fall eintritt, der in der allgemeinen Bestimmung nicht einbegriffen ist, so ist es, insofern der Gesetzgeber diesen Fall außer acht läßt. [...] richtig gehandelt, das Versäumte zu verbessern, wie es auch der Gesetzgeber selbst, wenn er den Fall vor sich hätte tun und wenn er ihn gewußt hätte, es im Gesetz bestimmt haben würde. [...] Und das ist die Natur des Billigen: Es ist eine Korrektur des Gesetzes, dort wo dasselbe wegen seiner allgemeinen Fassung mangelhaft bleibt.«[21]

Wenn wir diesen Vergleich auf unser Beispiel anwenden, so können wir sagen, daß es sicher hilfreich sein kann, allgemeine Regeln wie die von Watzlawick zu kennen. Aber es ist noch viel wichtiger, genügend konkrete Einzelheiten der Situation zu kennen. Denn es muß entschieden werden, ob Watzlawicks Regeln hier überhaupt relevant sind oder ob vielleicht irgendwelche anderen Regeln für die Situation angemessener wären. Wenn sie angemessener wären, bliebe immer noch die Frage, auf welche Weise sie gehandhabt werden sollten, um der Situation zu entsprechen. Außerdem könnte es schwierig zu entscheiden sein, welche Regeln angemessen sind, oder gar, ob es überhaupt irgendwelche geeigneten Regeln gibt. Auf jeden Fall aber ist das Wissen um die praktischen Umstände die Grundlage für ein zutreffendes Urteil über die Situation und für die Wahl eines angemessenen Verhaltens. Man sollte übrigens beachten, daß die Wahrnehmung, von der Aristoteles spricht, nicht die allgemein übliche Wahrnehmungsfähigkeit ist. Sie ist das »Auge«, das man für beispielhafte oder typische Fälle entwickelt. In eindeutigen, beispielhaften Fällen können wir eine Handlung ebenso direkt als angemessenes Lehrerverhalten erfassen, wie wir eine Figur als Dreieck oder Quadrat erkennen: Wir wissen es, indem wir es sehen: Wo solche evidente Wahrnehmung gegeben ist, bedarf es keines weiteren Beweises, keiner theoretischen Rechtfertigung.[22]

So benutzt Phronèsis – die praktische Weisheit oder das Wahrnehmungswissen – die Regeln nur als Zusammenfassung oder Wegweiser. »Sie muß selber anpassungsfähig sein, auf Überraschungen gefaßt, bereit zu sehen, findig für Improvisationen.«[23] Eine wichtige Voraussetzung für diese Art von Wissen ist, daß man genügend Erfahrung hat. Denn Einzelheiten werden einem nur durch Erfahrungen vertraut, durch einen langen Prozeß, in dem man Situationen wahrnimmt, einschätzt, beurteilt und sich für eine Verhaltensweise entscheidet, mit deren Konsequenzen man dann konfrontiert ist. Dies entwickelt eine Art von Einsicht, die völlig verschieden ist von wissenschaftlichem Wissen. Natürlich ist Erfahrung gerade das, was dem Studenten in unserem Beispiel fehlt. Also kann er auch unmöglich die entsprechende Einsicht haben. Worauf es hier aber ankommt: Diese Einsicht kann nicht durch die Anwendung rein konzeptuellen Wissens vermittelt (oder veranlaßt, herausgefordert oder hervorgerufen) werden. Dafür gibt es viele Gründe, wichtig ist hier aber zu betonen, daß konzeptuelles Wissen nicht die Art von Wissen ist, die in unserem Fall am dringendsten gebraucht wird. Es ist zu abstrakt, ihm fehlen völlig alle Einzelheiten, die in solch einer Erfahrung dominieren: Gefühle, Vorstellungen, Bedürfnisse, Werte, Willensakte, Stimmungen, Launen, Charaktereigenschaften usw. Das angemessene Kriterium für die richtige Wahl des Verhaltens in unserem Beispiel ist nicht Übereinstimmung mit einer abstrakten Regel oder einem Prinzip (etwa: durchbrich den Teufelskreis, der das Problem verursacht), sondern das, was ein konkreter Mensch, einer mit praktischer Weisheit, tun würde. Das ist der Standpunkt, der für die richtige Wahl des Verhaltens entscheidend ist, nicht eine abstrakte Regel. Solches Wissen, der Standpunkt einer wahrhaft menschlichen Person, ist »nicht einfach eine Heuristik für Werte, die auch ohne diese Person und ihre Entscheidung wertvoll wären: Er definiert den Wert, und dieser Wert wäre keiner ohne die Beziehung zu dieser menschlichen Person«.[24]

Tatsächlich kann der Unterschied zwischen Epistèmè und Phronèsis, zwischen Theorie und Praxis in einem Bild oder einer Maxime zusammengefaßt werden: Der Mensch von praktischer Weisheit bewohnt die menschliche Welt und versucht nicht, sich darüber zu erheben.[25] Dieser Gedanke ist wunderbar dargestellt in Raphaels berühmtem Fresco in der Sixtinischen Kapelle mit der Bezeichnung: Die Schule von Athen. In seiner Mitte sehen wir die beiden Widersacher: Platons Finger zeigt nach oben, der des Aristoteles hinab zur Erde.

## Einige Konsequenzen

Wir wollen zu unserem Beispiel zurückkehren und sehen, was diese Überlegungen dafür bedeuten. Zunächst können wir feststellen, daß die Kluft zwischen Theorie und Praxis nicht notwendig mit der Lehrsituation verknüpft ist. Sie ist nur inhärent unserer Konzeption von Wissen als Epistèmè. Im Konzept des Wissens als Phronèsis entsteht nicht die Frage, wie man diese Kluft überbrücken, wie man die Kompliziertheit einer erfahrenen Situation mit bestehenden abstrakten Regeln verbinden kann. Denn dort ist die zentrale Frage eine andere, nämlich: Was ist hier wahrzunehmen? Was nimmt der Student wahr, welche Aspekte seiner Erfahrung sind ihm bewußt, welche Einzelheiten der Situation betrachtet er als relevant? Im Phronèsiskonzept des Wissens gibt es keine abstrakten Regeln, die man auf dieses Problem anwenden könnte, denn das Problem ist dafür (noch) viel zu speziell. Es enthält noch zu viele Einzelheiten, Vorbehalte, zu viele Ausnahme-Gesichtspunkte für eine allgemeine Regel. Statt also in unserem Beispiel, nachdem der Student sein Problem angedeutet hatte, gleich zu fragen, was man dagegen tun könnte – wodurch der Rückgriff auf abstrakte Regeln und das Angebot oberflächlicher Ratschläge provoziert wird –, hätte der Studienleiter besser versuchen sollen, klarer festzustellen, wessen sich der Student tatsächlich bewußt ist, welche Einzelheiten er in der problematischen Situation sieht, wie seine eigenen Reaktionen waren, was er fühlte, dachte usw. Auf diese Weise würde er sein eigenes Phronèsis-Wissen verbessern und Beachtung und Gespür für seine eigene Erfahrung entwickeln.

Gewiß ist dies nicht immer möglich, besonders in größeren Gruppen, in denen wenig Zeit für den einzelnen Studenten bleibt, die Gefahr zu großer Verunsicherung besteht usw. Die Antwort auf solche Fragen muß also vielleicht in privater Reflektion gesucht werden, bei Supervision oder in Kleingruppen. Wesentlich ist jedoch, daß auch in der größeren Gruppe die Phronèsis-Haltung des Studienleiters sehr viel ausmacht. Denn bei dieser Einstellung ist es einfach nicht seine Aufgabe, die Kluft zwischen Theorie und Praxis zu überbrücken, wie es bei der Epistèmè-Haltung der Fall ist. Seine Aufgabe ist es, dem Studenten zu helfen, sich der bemerkenswertesten Merkmale seiner Erfahrung bewußt zu werden. Er ist da, um den Studenten sehen zu lehren, nicht, um ihn eine Reihe von Konzepten zu lehren. Er ist da, um ihm zu helfen, seine Wahrnehmung zu verfeinern, nicht, um ihm eine Menge Regeln zu vermitteln. Er soll ihm helfen, sich sein eigenes geahntes Wissen deutlich bewußt zu machen,[26] ihm helfen, die Einmaligkeiten der Situation wahrzunehmen, den richtigen Ton zu finden und den Zugang, der für diese besondere Situation der richtige ist, zu gewinnen. Er ist nicht da, um pädagogische Theorien zu dozieren, allgemeine Regeln zu lehren oder ausführlich Lehrgrundsätze zu besprechen. Denn der »Sache des Praktischen« wird durch solches konzeptionelles Wissen nicht gedient. Was gebraucht wird, ist Wahrnehmungswissen.

Das bedeutet nun nicht, daß Watzlawicks Theorien und Regeln überhaupt nichts wert sind und völlig unbeachtet bleiben sollen. Sie haben einen Nutzen, wenn auch einen begrenzten, als Zusammenfassung und Leitfaden, oder als Heuristik bei der Untersuchung der Wahrnehmung des Studenten. Aber im Vergleich zum Gestaltungsinstrument der Phronèsis, der Reflexion darüber, was ein konkreter Mensch von praktischer Weisheit in der Problemsituation tun würde, sind solche Regeln ein sehr mangelhaftes Mittel. Ihnen fehlt Fleisch und Blut in einem ganz wörtlichen Sinne: Sie haben kein Gesicht und kein Aktionsfeld. Sie haben kein Temperament, keine persönlichen Eigenschaften, keine Geschichte, keine Laster und keine Tugenden. Man kann sie nicht in Aktion sehen, nicht mit ihnen sprechen, sie nicht kritisieren oder bewundern. Kurz, sie haben keine sinnlich wahrnehmbare Realität, sie sind einfach Konzepte, Abstraktionen. Darum kann man sich nicht mit ihnen identifizieren. Darum haben sie den leeren Gesichtausdruck, die Skepsis und den Widerstand bei unserem Studenten hervorgerufen. Sie haben keine gefühlsmäßige Qualität und auch keine motivierende. Und das ist verständlich, denn, wie wir oben gesehen haben, werden in der Epistèmè-Konzeption des Wissens der Wille und die Gefühle einer Person als bloße Störungen des Wissens betrachtet statt als seine wesentlichen Elemente.[27]

Eine weitere wichtige Konsequenz aus der Zuwendung zu Phronèsis ist folgende: Um dieses weitere, auf Wahrnehmung beruhende Wissen in Lehrerausbildungsprogrammen zu entwickeln, brauchen wir nicht Theorien, Artikel, Bücher und andere konzeptionelle Dinge, sondern vor allem konkrete Situationen, die man wahrnehmen, Erfahrungen, die man machen, Menschen, denen man begegnen, Pläne, die man ausführen, und Erfahrungen, über die man reflektieren kann.

Ohne solche Wahrnehmungen und Erfahrungen entsteht überhaupt kein Wissen, ganz gleich, wie schön die Abhandlungen des Studienleiters (oder auch die unseren!) sein mögen. Das mag selbstverständlich klingen. Sind nicht die meisten Ausbildungsprogramme heutzutage reichlich mit Praktika versehen, um dem Lehramtskandidaten persönliche Erfahrungen zu verschaffen und ihn mit dem »wirklichen Berufsleben« zu konfrontieren? Aber das ist es nicht, was wir mit Phronèsis meinen. Man kann die Bedeutung der Praktika in der Lehrerausbildung anerkennen und dennoch das Wesentliche von Phronèsis völlig verfehlen. Tatsächlich arbeiten viele Studienleiter, die den Wert der praktischen Erfahrung betonen, dennoch auf der Grundlage einer Epistèmè-Konzeption des Wissens: Sie kämpfen mit der Kluft zwischen Theorie und Praxis, sie sorgen sich und sind ratlos wegen der Probleme der Vermittlung. Sie brüten darüber, wie man das vorhandene Wissen des Studenten am besten fruchtbar machen kann. Dies zeigt, daß sie tatsächlich auf der Grundlage des Epistèmèkonzepts von Wissen arbeiten. Sie gehen von der stillschweigenden Annahme aus, daß das Wissen, das der Student braucht, konzeptueller Art ist, daß es von außen kommt, objektiv ist, daß es ihm vermittelt werden muß und daß es ihre Aufgabe ist, ihm dies zu vermitteln. Das Wesentliche an Phronèsis ist jedoch, daß das Wissen, das der Student braucht, im Bereich der Wahrnehmung liegt und nicht in Konzeptionen. Daher ist es notwendigerweise in ihm selber, es liegt in seiner Erfahrung, nicht in einer von außen kommenden konzeptionellen Form. Es ist gründlich subjektiv. Es mag einige objektive Aspekte geben wie Watzlawicks Regeln im Beispiel, aber wie wir gesehen haben, sind sie für den Studienleiter nicht die wirksamste Hilfe. Also gibt es auch nichts oder wenig zu vermitteln, nur sehr viel zu untersuchen. Und die Aufgabe des Studienleiters ist es, dem Studenten zu helfen, seine Wahrnehmung zu entwickeln und zu verfeinern.

Das Hauptproblem hier ist, daß die meisten Studienleiter selbst nach der Epistèmè-Konzeption des Wissens ausgebildet wurden. Daher haben sie immer die traditionelle epistèmische Sicht auf die Beziehung zwischen Theorie und Praxis als selbstverständlich hingenommen. Das macht es sehr schwer, die volle Bedeutung des Wandels zum Phronèsiskonzept zu verstehen. Man mag zum Beispiel fragen wollen, welches nach der Phronèsis-Sicht die Rolle des Fachwissens des Studienleiters in der Lehrerausbildung ist. Soll er denn von seinem

Wissen keinen Gebrauch machen? Die Antwort ist: Doch, natürlich! Die Frage ist nur, wie, und das hängt wiederum von unserer Konzeption des Wissens ab. Nehmen wir an, der Studienleiter ist ein Mann oder eine Frau von praktischer Weisheit und nicht nur ein Theoretiker. Dann beruht das Wissen, das ihn zum Experten macht, selber schon auf Wahrnehmung und ist innerlich und subjektiv. Außerdem kann er über eine Menge konzeptuelles, äußeres und mehr oder weniger objektives Wissens verfügen, wie z. B. Watzlawicks Regeln. Dieses Wissen kann auch als Instrument benutzt werden, um die Wahrnehmung des Lehramtstudenten zu erforschen: Es kann zu Fragen führen, zu Gesichtspunkten, Argumenten usw. Zur Fallgrube wird es jedoch, wenn wir es als mehr betrachten denn als ein Instrument der Untersuchung, wenn wir es für die Sache selbst halten, die wir suchen, für das gesuchte Expertenwissen. Denn das eigentliche Expertenwissen ist nicht konzeptuelles Wissen, Epistèmè, sondern das Wahrnehmungswissen Phronèsis. Wir wollen nicht, daß unsere Studenten Sammler von Wissen über das Lehren sind, wir wollen, daß sie gute Lehrer werden. Und in dem Zusammenhang gibt es noch eine weitere Fallgrube. Es ist die Vorstellung, daß der Experte sein Wissen servieren könne, unabhängig von seiner Person, auf einer Tafel vor den Studenten oder in rein konzeptueller Form auf Papier aufgeschrieben, wodurch der Eindruck entsteht, daß Einsicht dasselbe sei, wie Sätze zu lesen. Ich kann ihnen versichern: Es ist nicht dasselbe.[28]

## Phronèsis und Sokratische Gespräche

Für diejenigen, die Erfahrung mit Sokratischen Gesprächen haben, werden diese Überlegungen wahrscheinlich leicht einsehbar sein. Denn im Sokratischen Gespräch nach Nelson und Heckmann suchen wir nicht nur konzeptuelles, epistèmisches Wissen, sondern eine perzeptuelle, auf einem konkreten Beispiel bezogene Erkenntnis. Würden wir also das obige Beispiel in einem Sokratischen Gespräch untersuchen, z. B. anhand der Frage: Was heißt Ordnung?, so würden wir vielleicht in unserer Analyse auf dieselbe Unterscheidung stoßen, wie Watzlawick sie trifft, und zwar zwischen dem Inhalt einer Mitteilung und ihren Beziehungsaspekten, und auf dieselbe Verbindung der Furcht vor Unordnung mit gerade ihrer Erzeugung (den Circulum vitiosum). Wir würden aber gewiß auch eine Menge von anderen Unterscheidungen, Verbindungen, Regel, Voraussetzungen usw. finden. Außerdem würden diese Unterscheidungen im lebendigen Gespräch nicht die Abstraktionen sein, die Watzlawicks theoretische Regel jetzt, beim Lesen dieses Artikels, für uns sind. Im Gegenteil, sie würden eng mit Erfahrung verknüpft sein, mit konkreten Umständen, Gefühlen, Vorstellungen, Urteilen, Bedürfnissen, Werten, Launen, und allerhand anderen Details, die einerseits aus der wirklichen Erfahrung des Beispielgebers stammen und andererseits aus der vorgestellten Erfahrung der anderen Teilnehmer, die sich in den Beispielgeber hineinversetzen.

Diese Einzelheiten des Beispiels und der (vorgestellten) Erfahrung dominieren immer ein Sokratisches Gespräch. Alle harte Arbeit am Begriff ist da wesentlich Arbeit am Beispiel, an der Vielzahl von konkreten Einzelheiten, die in einer Erfahrung abgelagert und in einem Erfahrungsurteil vorausgesetzt sind und die wir begrifflich zu fassen versuchen. Sie sind der notwendige Anfangspunkt der regressiven Abstraktion. Ohne sie, ohne ein konkretes Beispiel und eine wirklich erlebte Erfahrung, kann die regressive Abstraktion nicht einmal beginnen. Ohne sie werden unsere Urteile hypothetisch und unsere Begriffe leer. Deshalb gilt im Gespräch die Regel, daß jeder abstrakte Begriff im Rahmen des Beispiels konkretisiert werden soll.

Zugleich aber macht diese ständige Konkretisierung und Anknüpfung an das Beispiel es schwer, die Ergebnisse einer Sokratischen Untersuchung als richtige, echte Erkenntnisse zu betrachten. Wir haben ja in unserer ganzen Ausbildung fast nur Epistèmè als Erkenntnis vorgestellt bekommen, also objektives, konzeptuelles, allgemeines, propositionales, äußerliches Wissen. Wir haben uns dadurch angewöhnt, nur dann etwas für Erkenntnisse zu halten, wenn es diese Reihe von logischen Bedingungen erfüllt. Dies hat uns auch psychologisch konditioniert: Wir sind nur dann überzeugt etwas gelernt zu haben, wenn wir eine Situation als eine Übermittlungssituation wahrnehmen, in der von einem Lehrer oder Sachverständigen etwas Neues und Unbekanntes übermittelt wird, das mit Fachsprache und festgelegten Termini dargestellt wird, das als eine abgegrenzte Einheit von Lehrstoff erkennbar ist und einigermaßen wichtig erscheint.[29]

In einem Sokratischen Gespräch wird jedoch nichts übermittelt. Im Gegenteil, der Leiter darf sich nicht inhaltlich am Gespräch beteiligen.

Alles Neue und Unbekannte wird von den Teilnehmern selbst eingebracht und daher kaum als neu und unbekannt angesehen. Selbstverständlich ergibt das Gespräch keine abgegrenzten Einheiten von Lehrstoff, und auch die Begriffsdefinitionen und Termini, die im Laufe des Gesprächs entstehen, haben die Teilnehmer selbst gefunden.

Würden wir also in einem Sokratischen Gespräch die Unterscheidung zwischen dem Inhalt einer Mitteilung und ihren Beziehungsaspekten finden, so würden wir ihr nicht die Sonderstellung, die Wichtigkeit und das Ansehen beimessen, die wir ihr zusprechen, wenn wir diese Unterscheidung in Watzlawicks Buch lesen, eingebettet in den Rahmen einer allgemeinen Theorie über menschliches Kommunikationsverhalten und völlig in Übereinstimmung mit unserem üblichen, epistemischen Bild von Erkenntnis. Das heißt, wir würden diese Unterscheidung nicht als eine besondere oder sogar echte Erkenntnis betrachten. Und vom epistemischen Gesichtspunkt her stimmt das auch. In dieser Hinsicht hat ein Sokratisches Gespräch überhaupt wenig Ergebnisse, wie erfahrene Sokratiker wissen. Das weist aber nicht auf Mängel oder Fehler in der Sokratischen Methode oder ihrer Anwendung hin, sondern auf unsere mangelhafte und einseitige Auffassung von Erkenntnis. Denn in Sokratischen Gesprächen finden wir nicht Epistèmè, sondern Phronèsis. Wir finden zum Beispiel nicht Watzlawicks Unterscheidungen als abstrakte, allgemeine, rein konzeptuelle Regel, losgelöst von ihrer Anwendung auf irgendeinen besonderen Fall, sondern wir finden sie als konkret eingelöste, auf dieses spezielle Beispiel bezogene und für diese spezifischen Gesprächsteilnehmer gültige Regel. Wir finden, logisch gesehen, keine allgemeine Prämisse, sondern Aussagen in denen Allgemeines und Konkretes verknüpft ist, konkrete Urteile verbunden mit allgemeinen theoretischen Voraussetzungen. Wir finden, psychologisch gesehen, keine äußerliche, von anderen als wahr, wichtig und wissenswert präsentierten Kenntnisse, sondern innerliche, selbst entdeckte, gründlich subjektive, eng mit unserer eigenen Erfahrung und unseren eigenen mentalen Modellen verwobene Erkenntnisse.

Der Perspektivenwechsel von Epistèmè zu Phronèsis hat jedoch Konsequenzen für Theorie und Praxis des Sokratischen Gesprächs. Es ist hier nicht der Ort, dies ausführlich darzustellen, aber zwei Konsequenzen werde ich kurz nennen. Die eine ist, daß, wenn wir aus Phronèsis Epistèmè gewinnen wollen, so erweist sich das Sokratische

Gespräch nicht als geeignete Methode. Man baut keine wissenschaftliche Theorie, wie die Watzlawicks, aus Sokratischen Gesprächen. Dazu braucht man Forschung, spezialisierte Debatte von Wissenschaftlern und das »papierene Gespräch« der Zeitschriftendialektik. Fänden wir also in einem Sokratischen Gespräch die Unterscheidung zwischen dem Inhalt einer Mitteilung und ihren Beziehungsaspekten, so wäre es zum Beispiel notwendig, sie in einen größeren theoretischen Rahmen einzufügen, um ihr einen wissenschaftlichen, epistèmischen Status zu geben. Das heißt, daß die Nelsonsche regressive Abstraktion, um vollständig zu sein, nicht nur Sokratischer Gespräche, sondern auch einer weiteren, wissenschaftlichen Bearbeitung ihrer Ergebnisse bedarf. Dieser zweite epistèmische Arbeitsprozeß wird leider in der Sokratischen Praxis meist weggelassen.

Die zweite Konsequenz ist gewissermaßen das Spiegelbild der ersten. Wir sind in unseren Auffassungen über Erkenntnis so sehr auf Epistèmè eingestellt, daß wir kaum noch realisieren, daß im Unterricht nicht sie, sondern Phronèsis unser eigentliches Ziel ist. Für dieses Ziel sind aber die traditionellen Unterrichtsmethoden oft unzulänglich. Sie übermitteln meist Konzepte ohne Wahrnehmung, Theorien ohne Erfahrungen, äußeres Wissen ohne innere Verknüpfung. Um diese Kluft zu überwinden und Schülern, Studenten oder Erwachsenen die Möglichkeit zu geben, sich wissenschaftliche Kenntnisse, wie z. B. Watzlawicks Unterscheidungen, wirklich anzueignen, ist es notwendig, daß diese einen erfahrungsgebundenen, phronetischen Status bekommen. Das heißt, daß Unterricht, um effektiv zu sein, nicht nur der Übermittlung von wissenschaftlichen Kenntnissen, sondern auch Sokratischer (oder sokratisch infizierter) Gespräche bedarf. Auch dies wird leider viel zu oft vergessen, mit der Konsequenz, daß Unterricht häufig, wie Sokrates im 'Phaidros' sagt, »dem Lehrling von der Weisheit [...] nur den Schein bei(bringt), nicht die Sache selbst«.[30]

Die Sache selbst, das ist immer Phronèsis. Sie ist das eigentlich Wertvolle, auch wenn sie, wie in Sokratischen Gesprächen, ohne epistèmischen Schein auftritt.

Anmerkungen

1 Eine frühere Version dieses Artikels erschien unter dem Titel 'The relationship between theory and practice: back to the classics' in Educational

Researcher, Vol. 25/3, April 1996, 17–22 (mit Co-Autor Fred A.J. Korthagen). Übersetzung von Nora Walter und Barbara Neißer.
2 Z.B. Wubbels & Levy 1993, das ein Modell für interpersonales Verhalten im Klassenzimmer gibt und konkrete Richtlinien für Lehrer anbietet. Dieses Modell (ursprünglich von T. Leary entwickelt) spielt in unserem Lehrerausbildungsprogramm eine wichtige Rolle.
3 Vgl. Schön 1887 und Fenstermacher 1994 in Education, Rorty 1980, Toulmin 1990, Lyotard 1979 in Theory of knowledge, Nussbaum 1986, Jonson & Toulmin 1988 in Ethics, Geertz 1983 in Anthropology.
4 Eine ausgezeichnete Einführung zu Platon ist Irwin 1995.
5 Vgl. Fußnote 1
6 Watzlawick 1967
7 Z. B. Maslow 1968
8 Hier folge ich Jonsen und Toulmin, S. 65ff., wo die aristotelische Konzeption des Wissens betont wird. Für eine Zusammenfassung der platonischen Konzeption vgl. Irwin 1995, Kap. 16. Der Unterscheidung zwischen Epistèmè und Phronèsis entspricht Russells bekannte Gegenüberstellung von Wissen durch Beschreibung und Wissen durch Bekanntschaft, vgl. Russell 1912, Kap. 5, 13.
9 Aristoteles, Nicomachische Ethik, VI, 114 (Hervorhebungen durch den Autor JK)
10 Aristoteles, ebd.
11 Nussbaum, 301
12 Jonsen und Toulmin , 66; Aristoteles, Nicomachische Ethik 1141 a,b
13 Jonsen und Toulmin, 66. Aristoteles, Nicomachische Ethik 1142 a
14 Nussbaum, 301
15 Nussbaum , 300–301
16 Vgl. Aristoteles, Nicomachische Ethik 1137 b, vgl. auch Nussbaum, 301. Hier und im nächsten Abschnitt folge ich Nussbaum.
17 Aristoteles, Nicomachische Ethik 1103 b – 1104 a
18 Nussbaum, 304
19 Aristoteles, Nicomachische Ethik 1137 b
20 Jonsen und Toulmin, 68
21 Aristoteles, Nicomachische Ethik 1137 b
22 Eine ähnliche Position beschreibt Eisner 1979 mit der Formulierung der Entwicklung der »erzieherischen Könnerschaft«.
23 Nussbaum, 305
24 Nussbaum, 290, 311
25 Nussbaum, ebd.
26 Vgl. Polanyi 1967, 1983; Nelson 1911, 1929; Loska 1995
27 Tatsächlich hat Platon die Bedeutung dieses Gedankens für das Lernen nicht nur anerkannt, sondern auch betont. Vgl. Phaidros 275, Briefe VII 341–344. Seiner Meinung nach ist jedoch diese Art von Wissen nur eine

Voraussetzung für das höhere, das rein intellektuelle Wissen. Vgl. Irwin 1995, Kap.16 und Platon Staat, VI 507–511, 514–535.
28 Für einen Überblick über die gegenwärtige Literatur zu den verschiedenen Arten des Wissens siehe Fenstermacher 1994, Korthagen & Russell 1996, vgl. auch Ginsburg & Clift 1990. Es gibt mehrere verschiedene Klassifizierungen von Wissen: Öffentliches gegenüber privatem Wissen, moleculares gegenüber holistischem, ganzheitlichem Wissen, gegebenes Wissen gegenüber Problemwissen, Wissen auf niedrigem und höherem Niveau, Wissen durch Bekanntschaft gegenüber Wissen durch Beschreibung, deklarierendes gegenüber ablaufbeschreibendem Wissen, Wie-Wissen gegenüber Daß-Wissen. Ich gehe hier nicht auf die Beziehung zwischen dieser Klassifizierung und der Epistème-Phronèsis-Unterscheidung ein.
29 Vgl. Ten Brinke, J.S. 1983, Reeve, C.D.C. 1995
30 Platon, Phaidros 275 a. Vgl. auch Nelson, Die Sokratische Methode, GS Bd. 1 S.286

Literaturverzeichnis

*Die philosophische und pädagogische Literatur wird weitgehend nach den entsprechenden englischsprachigen Ausgaben zitiert.*

*Aristotle* (1925, 1975): The Nicomachean ethics. Translated with an introduction by Sir David Ross. London, Oxford University Press
*Darling-Hammond, L.* (ed.) (1994): Review of research in education 20. Washington DC, AERA
*Eisner, E.W.* (1979): The educational imagination. New York, Macmillan
*Fenstermacher, G.D.* (1994): The knower and the known: The nature of knowledge in research on teaching. In: Darling-Hammond 1994, p. 3–56
*Geertz, C.* (1983): Local knowledge. Further essays in interpretative anthropology. New York, Basic Books
*Ginsburg, M.B. & Clift, R.T.* (1990): The hidden curriculum of preservice teacher education. In W.R. Houston (ed.), Handbook of research on teacher education. New York, Macmillan, 450–465
*Irwin, T.* (1995): Plato's ethics. New York, Oxford University Press
*Jonsen, A.R. & Toulmin, S.* (1988): The abuse of casuistry. A history of moral reasoning. Berkeley, University of California Press
*Korthagen, F.A.J., B. Lagerwerf* (1995): Levels in learning about teaching. Journal of research in science teaching, 32, 1995, 1011–1038
*Korthagen, F.A.J. & Russell, T.* (1996): Some final conclusions. In: Russell, Korthagen (eds.), Teachers who teach teachers. Reflections on teacher education. London, Falmer Press

*Loska, R.* (1995): Lehren ohne Belehrung. Leonard Nelsons neosokratische Methode der Gesprächsführung. Bad Heilbrunn: Klinkhardt
*Lyotard, J.F.* (1979): La condition postmoderne – rapport sur le savoir. Paris, Editions de Minuit
*Maslow, A. H.* (1968): Towards a psychology of being (2nd edition). Princeton, N.J., van Nostrand
*Nelson, L.* (1911, 1973): Die Unmöglichkeit der Erkenntnistheorie. In: Gesammelte Schriften. Bd.2, 459–483. Hamburg, Felix Meiner Verlag
*Nelson, L.* (1929, 1973): Die sokratische Methode. In: Gesammelte Schriften. Bd.1, 269–316. Hamburg, Felix Meiner Verlag
*Nussbaum, M.C.* (1986): The fragility of goodness. Luck and ethics in Greek tragedy and philosophy. Cambridge, Cambridge University Press
*Polanyi, M.* (1967): The tacit dimension. New York, Doubleday
*Polanyi, M.* (1978): Personal knowledge. Towards a post-critical philsophy. London, Routledge and Kegan Paul
*Reeve, C.D.C.* (1995): Practices of Reason. Aristotle's Nicomachean Ethics. Clarendon Press, Oxford
*Rorty, R.* (1980): Philosophy and the mirror of nature. Princeton University Press, Princeton, New Jersey
*Russell, B.* (1912): Problems of philosophy. London, Oxford University Press
*Schön, D.A.* (1983): The reflective practitioner. New York, Basic Books
*Schön, D.A.* (1987): Educating the reflective practitioner. San Francisco, Jossey-Bass
*Ten Brinke, J.S.* (1983): Bij Nederlands leer je iets. Wolters-Noordhoff, Groningen
*Toulmin, S.* (1990): Cosmopolis. The hidden agenda of modernity. Chicago, University of Chicago Press
*Watzlawick, P. Beavin, J.H. & Jackson, D.D.* (1967): Pragmatics of human communication. New York, Norton
*Wubbels, T. & Levy, T.* (1993): Do you know what you look like? London, Falmer Press

## Ulf Mühlhausen

# Deterministische und überraschungsoffene Unterrichtsmodelle

Ich habe in der Literatur zur Unterrichtsplanung den Modellbegriff in zweifacher Weise verwendet gefunden: Zum einen im Sinne von »Didaktischem Modell«, zum anderen als Unterrichtsplanungsmodell oder auch Planungsschema.

In didaktischen Modellen geht es darum, Unterricht unter spezifischen Fragestellungen zu betrachten. Deren Urheber sprechen übrigens selbst meist nicht von Modell, sondern von didaktischem Ansatz oder Theorie. Sie wehren sich allerdings auch nicht gegen diesen Begriff (so Klafki) und greifen ihn zum Teil sogar auf (Schulz – beide in Adl-Amini' & Künzli 1980). Der Modellbegriff ist insofern naheliegend, als Didaktische Modelle die ungeheure Komplexität dessen, was Unterricht ausmacht, reduzieren, indem sie das Augenmerk des Betrachters auf ganz bestimmte Aspekte richten. Sie geben Perspektiven vor, unter denen Unterricht betrachtet werden soll. Je nach Didaktischem Modell werden dabei unterschiedliche Aspekte hervorgehoben (und andere vernachläßigt) – wobei es auch Überlappungen und Entsprechungen gibt. Die drei hierzulande bekanntesten und bis heute in der Lehrerausbildung verbreitetsten Modelle (BRD-West) stammen in ihren Erstfassungen aus den 60er Jahren und sind bis in die 80er hinein mehrfach modifiziert worden:

Berliner Modell = Heimann-Otto-Schulz (»Interdependenz der unterrichtlichen Strukturmomente«);
Göttinger Modell = Klafki (»Didaktische Analyse«);
Modell der Lernzieltaxonomie = Möller, Mager, Bloom.
Daneben spielten in der erziehungswissenschaftlichen Diskussion auch andere, z. B. kybernetische und an Kommunikationstheorien angelehnte Modelle eine Rolle, die aber weniger bedeutsam für die LAB waren.

Die drei erstgenannten Modelle enthalten in ihren ursprünglichen

Fassungen ganz sicher wichtige Anstöße für Planungsüberlegungen. Bei genauerem Hinsehen merkt man aber, daß solche Überlegungen nicht hinreichen, wenn es darum geht, den Entwurf für eine Unterrichtsstunde oder Unterrichtseinheit zu Papier zu bringen. Die Autoren dieser Modelle haben es nicht als ihre Aufgabe angesehen, Handreichungen zum Schreiben von Stundenentwürfen zu geben. In diese Lücke springen Unterrichtsplanungs-Modelle oder Planungsschemata. Dabei handelt es sich um eine Sammlung von Überlegungen, die bei der Abfassung von Unterrichtsentwürfen zu berücksichtigen sind: z. B. zur didaktischen Begründung – Zielformulierung, Phaseneinteilung des Unterrichtsablaufs u.a.m. Solche Planungsmodelle sind entstanden aus den Anforderungen der Lehrerausbildung, angehenden Lehrern etwas an die Hand zu geben. Sie sind 'selbstgestrickt' und sehen überall etwas anders aus, weil Lehrerausbilder zum Teil recht verschiedene Vorstellungen davon haben, wie solche Entwürfe abzufassen sind, welche Elemente und Abschnitte sie enthalten sollten.

Unterrichtsplanungs-Modelle haben ein Janusgesicht. Sie geben sich liberal als Vorschläge, sind aber letztendlich oft Zwangsvorschriften, imperative Planungsanweisungen: der von angehenden Lehrern immer wieder geäußerte Vorwurf, sklavisch angebunden zu sein an bestimmte Vorstellungen darüber, wie man zu planen hat (auch wenn man es nicht versteht oder akzeptiert), und daraus resultierend die Unterwerfung unter eben diese Planung während des Unterrichts. Denn wenn der angehende Lehrer es nicht schafft, den Verlauf mit seiner Planung zur Deckung zu bringen, ist der Stab über ihn schon gebrochen, wie Lenzen (1980, 162) beschreibt: »*Entweder der Plan war schlecht, weil er die Randbedingungen nicht exakt berücksichtigt hat, die ihn scheitern ließen, oder die den Plan realisierende unterrichtliche Tätigkeit des Lehrers war mangelhaft: Er hatte es nicht geschafft, den Plan einzuhalten.*« Die Folge ist, daß Lehreranwärter sich vorzugsweise damit beschäftigen, wie sie diese Anforderungen unterlaufen können (wieder Lenzen): »*Die bedauernswerten Kollegen, denen in der zweiten Ausbildungsphase (und zunehmend auch schon in der ersten Phase, weil das berufsorientiert sein soll) eine schriftliche Unterrichtsvorbereitung abverlangt wird, erfahren diesen Widerspruch sehr schnell und entwickeln so etwas wie Partisanenstrategien. Dazu gehören Scheingenauigkeiten bei der Formulierung von Lernzielen, damit deren Nichterreichen nicht bemängelt werden kann;*

*ferner unmäßig lange, geschwätzige und gelehrige Begründungen in Unterrichtsentwürfen, damit sich die Ziele hinter einem theoretischen Berg verbergen und der Beurteiler theoretisch verunsichert wird, oder ein Großangebot an Einschränkungen, die für die Erreichbarkeit der Ziele genannt werden, damit man sich im Ernstfall darauf zurückziehen kann, daß ein Scheitern unter bestimmten Bedingungen ja schon vorausgesagt wurde usw. Der Lehramtsanwärter lernt bei der Unterrichtsplanung nach diesen Modellen also gar nicht, was ein Plan intendiert, nämlich das unterrichtliche Geschehen nicht dem Zufall zu überlassen, sondern er lernt, daß es für das Überleben in der Schule nur eine Maxime gibt: Unverbindlichkeit; der Weg zur beruflichen Sozialisation des faden, ängstlichen, profillosen Unterrichtsbeamten ist damit bereits geebnet.«*

Seit diese Praxis Einzug in die Ausbildung gefunden hat, gibt es vehemente Attacken gegen den Planungsrigorismus, gegen Lernzielphraseologie und Phasen-Schematismus. Und weil sich die meisten Unterrichtsplanungs-Modelle auf das eine oder andere Didaktische Modell berufen und dieses wie ein Schutzschild vor sich tragen, sind auch einige Didaktische Modelle hierbei in Verruf geraten (b:e oder Schwarz-weiß). Deren Urheber haben ihre Mitschuld stets bestritten; sie wollten immer nur Gutes tun, die Augen öffnen. Daß in einer behördengleich organisierten Lehrerausbildung daraus Schlechtes wird, dafür können sie doch nichts. So etwa beklagte Gunter Otto (1976, zitiert n. Lenzen 1980), die Berliner Didaktik könne *»sich nicht wehren gegen eine unsachgemäße Verwendung in der Unterrichts- und Ausbildungspraxis«*. Bis heute schwelt ein Streit über die Rolle von Didaktischen Modellen und ihre Mitschuld an Verfehlungen der Lehrerausbildung – ja letztlich auch daran, wie deprimierend sich der durchschnittliche Unterrichtsalltag noch immer präsentiert. Bei diesem Streit hat sich wohl die Auffassung durchgesetzt, daß es keinem Planungsmodell jemals gelingen könnte, der behördlichen Zweckentfremdung in Form von Kontrolle und Zensierung zu entgehen. *»Diese Hoffnung«* – so argumentiert Lenzen – *»basiert auf einer Prämisse, deren Richtigkeit zuerst überprüft werden müßte. Sie heißt: Die mißbräuchliche Verwendung ist auf die unterbliebene Berücksichtigung institutioneller Faktoren ... zurückzuführen. Diese Prämisse ist falsch. – Der Umstand, daß ein Modell der Unterrichtsplanung zu Überprüfungszwecken von Unterrichtsqualität verwendet werden* *kann, hat die Ursache, die mit dem Charakter von Planung unlösbar verknüpft ist: Ein Plan ist ein Vorentwurf von Realität, und wer einen Plan (wie eine schriftliche Unterrichtsvorbereitung) kennt, kann durch den bloßen Vergleich der Antizipation mit dem faktisch Eingetretenen, also dem Unterricht, mühelos feststellen, ob das Geplante eingehalten wurde.«* (162)

Ich stimme dieser Einschätzung nicht zu, weil ihr ein verkürzter Planungsbegriff zugrunde liegt. Aus demselben Planungsverständnis heraus haben Didaktische Modelle ihre Zuständigkeit für zwei völlig verschiedene Modellfunktionen erklärt, die m.E. nicht vereinbar sind: Sie wollen Hilfestellung bei der Planung zukünftigen Unterrichts geben und sie erklären sich gleichzeitig dafür zuständig, Unterricht nachträglich zu analysieren (so ausdrücklich Klafki und Schulz). Mit dieser Doppelfunktion ist jedes Modell überfrachtet. Zur Erinnerung: Didaktische Modelle fokussieren jeweils nur bestimmte Ausschnitte aus der Gesamtheit von Unterricht – und sind für andere blind. Für die Vorbereitung ist eine Beschränkung legitim und unausweichlich, weil man sich vorher immer nur auf ganz bestimmte Aspekte konzentrieren kann. Fragwürdig ist es jedoch, dann auch für die nachträgliche Analyse dieselben Kategorien (und nur diese!) heranzuziehen – und andere Perspektiven nicht zuzulassen. Damit wird das, was vorab als gedanklicher Vorentwurf ja nur Hypothesencharakter hat, im Nachhinein zum alleinigen Maßstab, zum ausschließlich Betrachtenswerten. Das Modell ist somit nicht mehr nur ein probierender Vorentwurf für eine noch zu schaffende Realität, sondern die Unterrichtswirklichkeit ist dem Modell anzupassen. Realität wird modellgerecht konstruiert. Schon vor 20 Jahren hat Walter Popp (1976, 51) dieses Modellverständnis mit Blick auf andere wissenschaftliche Disziplinen attackiert, in denen – wie er sagte – bewußt erkannt und reflektiert wird, daß Modelle nur Konstrukte auf Widerruf sind, *während »Modelle in der Didaktik zuweilen noch immer für die Wirklichkeit selber gehalten und dogmatisch tradiert«* werden.

Die zwangsläufige Folge dieses omnipotenten Modellverständnisses ist, daß Abweichungen vom Entwurf, Diskrepanzen zwischen Vorplanung und tatsächlichem Ablauf als Fehlplanungen rubriziert werden und für Didaktische Modelle nicht weiter von Belang sind. Merkwürdigerweise entzieht sich die Unterrichtswirklichkeit immer wieder hartnäckig solchen konstruierenden Zugriffen.

# Unterricht zwischen Erwartetem und Überraschendem

Während des Unterrichts kommt es zu Ereignissen, die von Lehrern nicht antizipiert wurden – ja wohl auch nicht antizipiert werden konnten. Die Lehrer sehen sich veranlaßt, darauf einzugehen; und so beeinflussen unerwartete Ereignisse den weiteren Verlauf oft mehr oder weniger drastisch. Unerwartetes, Überraschendes führt manchmal weit vom vorab Geplanten weg und gelegentlich ergeben sich nachhaltige Konsequenzen nicht nur für den Stundenverlauf, sondern langfristig für die emotionale Beziehung zwischen Lehrern und Schülern. Und es gibt an einem Schultag auch viele eher unbedeutende Ereignisse, an die man sich schon hinterher nicht mehr erinnert. Befragt man Lehrerinnen und Lehrer, so erhält man oft ungewöhnliche, ja gelegentlich skurrile Schilderungen aus ihrem schulischen Alltag:

1. Da gibt es überraschende Effekte im Unterrichtsgegenstand, der »Sache«:
   
   **Szene 1: Unplanmäßige Mäuse**
   
   *»Versuche mit Mäusen« hatte sich der Lehrer mit seiner 6. Klasse (OS) vorgenommen, und zwar solche, die auch von Schülern ausgeführt werden können. Aber es kommt anders. Er hat gerade die Klasse betreten, den Mäusekäfig auf dem Pult abgesetzt und einführende Bemerkungen gemacht, da beginnen einige Schüler, etwas zu schreiben. Kurz darauf halten sie ihm Zettel entgegen mit Aufschriften wie »Keine Tierversuche«, »Nieder mit Tierexperimenten« u.ä. In einem schweißtreibenden Gespräch gelingt es ihm dann doch, die Schüler davon zu überzeugen, daß die Mäuse nicht unter den geplanten Versuchen zu leiden haben würden. Wenige Tage später: Die Schüler entdecken in der Nacht geborene Jungmäuse. Tierversuche ade! Improvisiert wird das Stundenthema »Haltung von jungen Mäusen«. Pläne werden geschmiedet und Verabredung zur Versorgung getroffen. Wieder eine Rechnung ohne »Wirt«: denn am nächsten morgen sind alle Jungtiere verschwunden, von den Alten aufgefressen!*

2. Schüler deuten Äußerungen des Lehrers oder von Mitschülern um, und zwar als
   * kleine, meist lustige Mißverständnisse, die sich schnell ausräumen lassen *(Jesus auf der Achterbahn)*

* Um-Interpretationen mit Folgen für den weiteren Verlauf
**Szene 2: Ein Geburtstagsspiel**
*Eigentlich hätte die 6. Klasse (OS) ja Englisch, aber weil Carolin heute Geburtstag hat, darf sie sich ein Spiel aussuchen – ein in dieser Klasse beliebtes Ritual. Carolin entscheidet sich für das 10-Fragen-Spiel: Sie denkt sich einen Begriff aus und schreibt ihn auf die Tafelrückseite. Die anderen müssen den Begriff nun mit 10 Fragen erraten. Die Fragen müssen so gestellt sein, daß sie mit ja oder nein zu beantworten sind. Carolins erster Begriff ist, wie sie sagt, eine Krankheit. Ihre Mitschüler raten angestrengt, bekommen die Krankheit aber nicht raus. Nach der 10. Frage ist nur klar, daß es etwas mit Aids zu tun hat. Stolz verkündet Carolin ihr Lösungswort: »Schwul«. – Die Lehrerin ist ein wenig geschockt, schweigt aber. Britta, Carolins beste Freundin, fährt Carolin an: »Du spinnst ja, das ist doch keine Krankheit.« Carolin verteidigt sich: »Natürlich ist das eine Krankheit.« Einige Mitschüler werfen zustimmende oder ablehnende Bemerkungen ein, Gemurmel. Die Lehrerin fragt: »Wie kommst du denn darauf, Carolin?« Darauf Britta, ziemlich sauer: »Das hat sie von Ihren Eltern, die denken so was Blödes.« In der nun einsetzenden Debatte wird Schwulsein zum Thema. Englisch muß warten.*
3. Dringende Anliegen (meist von mehreren Schülern oder der ganzen Klasse)
4. Emotionale Ausnahmesituationen (eher einzelne Schüler)
5. mehr oder weniger obstruktive Schülerstreiche: sie sind mit Worten nicht erreichbar
6. Schüler kritisieren Unterricht direkt oder indirekt *(Dt. 10 – Stühle und Rücken zur Tafel)*
7. Unfälle mit ernsten Folgen (z. B. im Sportunterricht)

Überraschungen sind – das ist dieser (sicher nicht vollständigen) Aufstellung unschwer zu entnehmen – recht verschieden und greifen in ganz unterschiedlicher Weise in das Unterrichtsgeschehen ein. Sie können für die Beteiligten bedrohlich, ärgerlich, aber auch spannend oder amüsant sein. Neben den »großen« Überraschungen sind es gerade die vielen »kleinen Nadelstiche« im Laufe eines langen Vormittags (fehlerhafte Beiträge, Störungen oder Streiche), die von Lehrern eher beiläufig bewältigt werden, blitzschnelles Reagieren erfordern, oft zu kleinen Kursänderungen zwingen und als Folge dieser andauernden Beanspruchung nach und nach die Nerven blank liegen lassen.

Insgesamt betrachtet ereignet sich Unerwartetes, Abweichendes im Unterricht so häufig, daß ich es nicht als bloße Ausnahme, als Randerscheinung ansehen mag. Ich halte das Moment des Überraschenden für eine feste Größe im Unterrichtsalltag, das zu dem vorab Antizipierten hinzutritt. *Unterricht ist grundsätzlich überraschungsanfällig*, weil er ein dynamisches soziales Geschehen ist, dem man durch keine noch so gründliche Vorplanung Fesseln anlegen kann. Es ist ein Kräftefeld, auf das verschiedene Kräftevektoren einwirken. Die Absichten des Lehrers sind dabei nur ein Vektor. Deshalb läßt sich auch die Vielfalt seiner Entwicklungsmöglichkeiten durch kein noch so intensives Nachdenken im voraus antizipieren.

Wenn das zutrifft, müßte sich die Didaktik eigentlich auch mit dem Unerwarteten beschäftigen. Die Güte des Lehrerhandelns ließe sich dann nicht allein an der Qualität eines Entwurfs festmachen, sondern würde sich erst im Zusammenspiel von vorausschauender Planung und den Bemühungen, den Entwurf situationsgerecht umzusetzen, erweisen. Für diese Position fand sich lange Zeit kaum Unterstützung. Weitgehend ungehört blieb die eindringliche Warnung Spranger's (1962), daß jedes menschliche Bemühen nicht nur die beabsichtigten Wirkungen hervorbringt, sondern auch unbeabsichtigte, ja höchst unerwünschte Nebenwirkungen. Dieses allgemeingültige Gesetz sei besonders in der Erziehung zu beachten, denn Erziehung sei keine Psychotechnik, bei der alle Nebenwirkungen kalkuliert und gezähmt werden können: »*Wir erreichen den Gipfel unserer Überlegungen erst dann, wenn wir uns eingestehen, daß das Mißraten unserer Pläne und das Auftreten von störenden Faktoren zum W e s e n der Erziehung gehört. Denn es soll nicht ein Mensch 'gemacht' werden, wie man ihn haben möchte, sondern es soll sich eine selbständige Person mit sittlichem Zentrum bilden. Unter Umständen kann es eine heilsame Gegenwirkung sein, wenn sie ihre eigenen Wege geht.*« (a. a .O. 78)

Für derart schwächliche Selbstzweifel waren insbesondere die drei vorgenannten Didaktischen Modelle nicht anfällig. Vielmehr haben sie besonders in ihren ursprünglichen Fassungen (die übrigens bis heute in der Lehrerausbildung geschätzt werden) die Illusion genährt, als Lehrer könne man seine 25 Schülerindividuen sozusagen am Schreibtisch richtig vorausberechnen. Jeder Unterrichtsverlauf – so die unzutreffende Hypothese – ließe sich durch vorausschauende Planung nahezu perfekt determinieren (auf das »geplante« Lehrerverhalten folgt das »erwartete« Schülerverhalten, das wiederum ein weiteres »geplantes« Lehrerverhalten anstößt u.s.w.), wenn man die Schülervoraussetzungen vorab nur gut genug »kalkuliert«. Für Überraschendes gibt es in diesem Kalkül keinen Platz. Vermutlich haben deren Urheber selbst nicht daran geglaubt, Unterricht ließe sich vollständig vor Unwägbarkeiten absichern, der Lehrer müßte während des Unterrichts niemals umsteuern oder improvisieren. Solche Einwände werden aber in ihren Arbeiten nirgendwo konzeptionell aufgegriffen – auch in den späteren Revisionen nicht. Klafki und Schulz begnügen sich mit vagen, nebulösen Andeutungen, etwa daß man »flexibel«, »variabel« und »elastisch« bleiben solle (Schulz 1965, 45). Letztendlich waren solche Empfehlungen nicht mehr als »Fußnoten« a la »Und immer schön locker bleiben!«. Faktisch dürften sie die Bemühungen angehender Lehrer eher noch verstärkt haben, den Verlauf mit Hilfe perfekter Entwürfe möglichst festzuschreiben. Denn was bleibt dem Anwärter, der sich seinen Ausbildern nicht »elastisch« genug präsentieren kann, schon anderes übrig, als sein Heil in noch umfangreicherer Vorplanung zu suchen.

Es gab damals nur wenige Stimmen, die – wie Spranger – der Auffassung widersprachen, Unterricht ließe sich linear abspulen, indem ein Entwurf planungsgetreu umgesetzt werde. So hat Bollnow Anfang der 50er Jahre betont, man habe der »Unstetigkeit erzieherischer Vorgänge« Rechnung zu tragen (zit. nach Muth 1962, 72). A.O. Schorb unterstrich 1958 die Notwendigkeit »riskierter Planlosigkeit«. Und J. Muth hat 1962 mit seiner Interpretation des Herbartschen Taktbegriffs darauf verwiesen, daß Unterricht auch charakterisiert sei durch Situationen, die sich einer vorausbestimmenden Festlegung entziehen. Diese Einwände kamen jedoch zum falschen Zeitpunkt: Sie hatten angesichts der empirischen Wende in der Pädagogik, gegen den in den 60er Jahren stärker werdenden Planungsfetischismus und gegen ein technologisches Verständnis von Unterricht, das in der Curriculum-Euphorie seinen Höhepunkt finden sollte, keine Chance.

Ende der 70er Jahre bahnt sich dann langsam eine Wende an, die erst in den letzten zehn Jahren eine breitenwirksame Schubkraft entfaltet: Die pädagogische Avantgarde in den Schulen beginnt sich von traditionellen Unterrichtskonzepten und traditionellen Planungsmodellen zu lösen. Öffnung von Unterricht, Rückbezug auf reformpädagogische Strömungen lassen die alten Planungsmodelle hinter sich. Deren Urheber bemühen sich um Korrektur und hängen ihrem deterministischen Planungskonzept ein Mäntelchen um, das sie mit Vokabeln wie Mündigkeit, Selbstbestimmung, demokratische Erziehung, Schülermitplanung etc. garnieren. Das ist m. E. bloß eine kosmetische Korrektur – zwar beachtet in der Literatur und auf Kongressen, aber nicht mehr bedeutsam für die Schulreformbewegung der letzten 15 Jahre. Sie kommt ohne diese Didaktische Modelle aus, erwähnt sie – wenn überhaupt – als Hindernis auf dem Weg zur Öffnung von Unterricht, wie W. Schulz 1988 selbstmitleidig beklagt. Didaktische Modelle sind in den letzten Jahren ziemlich ins Abseits geraten.

Ich möchte jetzt die Überlegung vertiefen, daß für die Vernachlässigung des Überraschenden in der Didaktik ein problematisches Verständnis von Unterrichtsplanung ausschlaggebend ist. Gemeint ist damit immer bloß die *vorab antizipierte Gestaltung zukünftigen Unterrichts*. Nach vorherrschendem Verständnis
- liegt die Planung des Unterrichts vor seiner Ausführung, dem eigentlichen Unterricht;
- zeichnet sich Planung durch gründliches Räsonieren, durch ein Abwägen und Hin- und Herwälzen von Alternativen aus;
- strebt man in deterministischer Absicht einen bestimmten Ablauf an, der vorab in ganz bestimmte Phase eingeteilt ist und der einer exakten zeitlichen Choreographie folgt;
- strebt man in eben dieser deterministischen Absicht für alle Schüler ein ganz bestimmtes Ergebnis an.

Planung heißt in dieser Lesart, den Unterrichtsverlauf mit all seinen wesentlichen Details im voraus festzulegen und zu begründen, um das Antizipierte dann auch Wirklichkeit werden zu lassen. Unterstellt wird eine gewaltige Determinationskraft der vorausschauenden Planung für den faktischen Verlauf. Dieses deterministische Planungsverständnis hat einen nicht-differenzierenden Frontalunterricht nahegelegt, dem die Erwartung zugrunde liegt, daß alle Schüler deshalb zu denselben Lernergebnissen kommen, weil sie in derselben Zeit das Gleiche tun. Nur so sind Planungsraster erklärbar, die zwingend vorschreiben, den Unterrichtsverlauf festzulegen als Abfolgeautomatismus einer Kausalkette aus geplanten Lehrerhandlungen, mit denen jeweils ein erwartetes Schülerverhalten produziert wird, das die nächstfolgend geplante Lehrerhandlung in Gang setzt. Dieser Automatismus äußerer Handlungen soll dann das eigentliche, sich im Inneren des einzelnen Schülers vollziehende Lernen, Einsehen, Verstehen gewährleisten. Prototyp für diese Vorstellung von planmäßigem Lernen ist der fragend-entwickelnde Unterricht, der von der Hoffnung lebt, daß die Einsichtsbruchstücke, die der Lehrer seinem jeweiligen – und ständig wechselnden – Schülerdialogpartner wie ein einzelnes Kettenglied entlockt, sich der schweigenden Mehrheit durch Zuhören und stilles Grübeln zu einer vollständigen Erkenntniskette zusammenschmiedet. In der Biochemie nennt man das Herstellen identischer Individuen »klonen«. Angestrebt wird mit solchem Unterricht gewissermaßen das Klonen von Lernergebnissen in Schülerköpfen durch ein Klonen des Lernwegs. An uns selbst können wir täglich erleben, daß so etwas selten funktioniert, aber dennoch ist der nichtdifferenzierende Unterricht bis heute ausgesprochen verbreitet!

## Plädoyer für einen veränderten Planungsbegriff

Ich halte den Planungsbegriff, der solchem Unterricht zugrunde liegt, für die Achillesferse der Didaktischen Modelle – denn konsequent zu Ende gedacht, bedeutet er, daß durchdachtes, reflektiertes Planen nur vor dem Unterricht stattfindet und während des Unterrichts der Plan gewissermaßen bloß noch abgearbeitet, aber nicht mehr geplant würde. Diese merkwürdige Auffassung korrespondiert mit Vorstellungen aus der Unterrichtsforschung, wonach immer dann, wenn während des Unterrichts vom Plan abgewichen werden muß, quasi der Verstand des Lehrers aussetzt und – je nach theoretischem Rahmen – angeblich das Triebhafte, eine betriebsblinde Routine, naive subjektive Theorien oder unzureichende Kausalattribuierungen die Oberhand gewänne. Das ist doch ein merkwürdiges Lehrerbild: Vor dem Unterricht ist der Lehrer angeblich ein vernunftbegabter, reflektierender Planer – während des Unterrichts verwandelt er sich dann in einen impulsiven, blind-routinierten, triebhaften, unreflektierten »Spontanisten«. Wir haben es hier mit einer wundersamen Verwandlung des Lehrers, mit dem »Dr. Jekyll und Mister Hyde« – Phänomen in Didaktik und

Unterrichtsforschung zu tun. Weil mit Planung das im voraus Überlegte, Durchdachte gemeint ist, wird im Umkehrschluß dem Lehrerhandeln in der Situation unterstellt, es sei – sobald es vom Entwurf abweicht – nicht durchdacht, eben ungeplant.

Diese Sichtweise vom Lehrerhandeln im Unterricht ist fragwürdig. Ich behaupte genau das Gegenteil: Überraschungen ziehen planerische Aktivitäten fast zwangsläufig nach sich: Sie lösen ein Diskrepanzerlebnis zwischen einer antizipierten Situation und dem davon abweichenden, tatsächlichen Ereignis aus und veranlassen das Individuum zu Handlungen, die die Diskrepanz verringern (W.-U. Meyer, 1988). Überträgt man diese psychologische Interpretation auf das Handeln von Lehrern im Unterricht, so gibt es weder theoretisch noch empirisch den geringsten Anhaltspunkt für die Unterstellung, diskrepanzverringernde Handlungen seien grundsätzlich eher unüberlegt, aus dem hohlen Bauch geholt und impulsiv. Viel näher liegt doch die Annahme, daß Lehrer in solchen Situationen besonders aufmerksam sind (wenngleich wohl nicht immer). Die Kompliziertheit der Situation (die sich ja gerade nicht mehr nach Schema F bewältigen läßt) fordert überlegtes Handeln geradezu heraus. Vermutlich sind aus diesem Grund die Unterrichtsentwürfe erfahrener Lehrer überhaupt nicht so engmaschig gewebt, daß sie einen vollständig festgelegten Ablauf vorschreiben. Sie wissen, daß sie ihre Planung erst im Unterricht vollenden können, weil sie auf die Bedingungen in der Situation adaptieren werden müssen (Kinder, eigene Stimmung, Umstände). Mit anderen Worten: Solche Lehrer antizipieren bereits vorab, daß sie im Unterricht umplanen, ihr Vorhaben modifizieren, sich mit den Schülern abstimmen, ggfs. mit ihnen gemeinsam neu planen müssen.

Demnach findet *Unterrichtsplanung zweistufig* statt: einmal *vorab als vorausschauende Planung* und dann *im Unterricht als situative Planung*.

Situative Planung meint dabei dreierlei:
(1) Sofern sich der Unterrichtsverlauf im Rahmen der vorausschauenden Planung bewegt, als *situationsangemessene Umsetzung des vorab Konzipierten.*
(2) Bei unerwarteten Entwicklungen kann man entweder auf *geeignete Bewältigungsstrategien* zurückgreifen, oder
(3) wird *improvisieren (Planung aus dem Stegreif).*

Zwischen dem Planen in der Situation und dem Planen vorab gibt es viele Gemeinsamkeiten. Es gibt allerdings zwei auffällige Unterschiede, die es erschweren, das Handeln in der Situation als planvoll anzusehen: Während man vorab Möglichkeiten hin und her wälzen, gedanklich durchspielen und wieder verwerfen kann, unterliegt das Planen in der Situation einem enormen Zeitdruck. Und es gibt beim situativen Planen in der Regel keine Zeit zur Metareflexion des Planens, zum Nachdenken über das Planen. Gerade das ist beim Planen vorab selbstverständlich. Wir haben Zeit, uns sozusagen beim Planen selbst über die Schulter zu schauen. Deshalb assoziieren wir in unserem Alltagsverständnis mit Planen, z. B. im Sessel bei einer Tasse Tee oder am Schreibtisch mit gespitztem Bleistift zu sitzen. Dagegen sehen wir uns beim Handeln nicht als Planende, weil es nicht unserem Verständnis von selbstreflexivem Nachdenken entspricht. Aber handelt nicht auch die Chirurgin während eines Eingriffs selbst dann planvoll, wenn sie von ihrem Operationskonzept abweichen muß? Plant nicht auch der Broker in der Hektik der Börse, der Mechaniker beim Schweißen eines Öltanks? Das Handeln in der Situation ist nicht notwendig impulsiv und unüberlegt (auch wenn das gelegentlich zutrifft). Meist ist es gerade dann durchdacht, wenn vorgefaßte Pläne über Bord geworfen werden müssen.

## Konsequenzen für die Lehrerausbildung

Wenn man der hier entwickelten Vorstellung folgt, daß sich die Qualität von Unterricht nicht allein aus guter Vorplanung ergibt, so wird man Konsequenzen für die Lehrerausbildung ziehen müssen. Bislang lernen angehende Lehrer vorrangig, entwurfslastig zu planen. Eigentlich möchten sie durchaus »schülerorientiert« unterrichten, flüchten aber in detaillierte, sie und die Schüler festlegende Entwürfe, weil sie erstmal Sicherheit suchen. Diese »Planungshypertrophie« der Lehrerausbildung (so Bettelhäuser 1980) wird durch deterministische Didaktische Modelle noch verstärkt. Meines Erachtens sollten angehende Lehrer frühzeitig von dieser Entwurfslastigkeit abgebracht und von Beginn an darauf aufmerksam gemacht werden, daß Unterrichten nicht ein Abspulen von Entwürfen ist. Pädagogisches Handeln beruht ganz wesentlich auf der Fähigkeit, vorab gemachte Pläne an die

Bedingungen der Situation anzupassen oder zu modifizieren. Gelernt und vermittelt werden sollte also: Mit unerwarteten Entwicklungen zurechtzukommen, zu improvisieren, ja den Unterricht ein Stück weit so zu arrangieren, daß sich Überraschungen unvermeidlich einstellen.

## Überraschungsoffene Ansätze

Es gibt einige wenige solcher Unterrichtskonzeptionen, die nicht darauf bestehen, daß die Lehrer-Schüler-Interaktion überwiegend durch eine vorab festzulegende Vorgehensweise determiniert werden sollte. Zwar gibt es auch dort Festlegungen, denn jede Vorabplanung strebt Festlegungen an. In diesen Ansätzen ist der Stellenwert des vorab Geplanten jedoch relativ klein und betrifft vorwiegend das Ausgangsarrangement und bestimmte Rahmenbedingungen – nicht aber den Verlauf und vor allem nicht das Ergebnis für den einzelnen Schüler. Einige solcher Ansätze, die auf überraschende Schülerbeiträge bauen – ja sie in gewisser Weise sogar provozieren, möchte ich jetzt noch kurz vorstellen.

Der »Gesamtunterricht«[1] von Berthold Otto (1859–1933) gehört dazu, denn bei ihm sind überraschende Schülerbeiträge der tragende Bestandteil. Nicht nur das Thema wird von seinen Schülern vorgeschlagen, sondern sie stellen die Fragen und sie entscheiden über Art und Umfang der Behandlung. Dabei waren für Otto Umwege und Irrwege seiner Schüler notwendige Stationen auf dem Weg zum Erwerb von Einsichten. Andererseits kam es nicht selten vor, daß die Schüler ihn zur Klärung aufforderten, ja ihn zum umfassenden Vortrag über den gerade behandelten Sachverhalt baten, den Otto dann – dank seines Wissens – meist brillant aus dem Stegreif vorzutragen pflegte. Obgleich die in den 20er Jahren gegründete Berthold-Otto-Schule in Berlin bis heute besteht, hat der »Gesamtunterricht« im Sinne Ottos als didaktisches Konzept nur wenig Anklang gefunden.

Als überraschungsoffen sehe ich auch die Unterrichtsvorschläge von Friedrich Copei (1950) und Martin Wagenschein (1968): Bei Unterrichtsgesprächen über mathematische Probleme oder Naturphänomene sollen die Schüler in ihrer Sprache zu Wort kommen. Dem Gespräch über individuelle Deutungsbemühungen soll der Lehrer breiten Raum widmen und sich auch auf ungewöhnliche, ja kontroverse Interpretationen einlassen, anstatt vorschnell vermeintlich exakte wissenschaftliche Begriffe und Erklärungen zu oktroieren. In einem solchen Unterricht liefert sich der Lehrer konsequent den Schülerbeiträgen aus, so daß selbst bei großer Erfahrung mit dem Gegenstand solche Gespräche ein ums andere Mal überraschende Momente für den Lehrer beinhalten dürften. Obgleich die Arbeiten Wagenscheins und Copeis die fachdidaktische Diskussion stimuliert haben, scheinen auch sie für die Praxis mathematisch-naturwissenschaftlichen Unterrichts weitgehend folgenlos geblieben zu sein.

Ein ebenfalls bekannter Ansatz, der die Bezeichnung überraschungsoffen verdient, ist das »Entdeckende Lernen« von Jerome Bruner (1960). Dabei gibt der Lehrer das zu Lernende nicht vor, sondern sorgt für ein Arrangement, mit dem es den Schülern möglich ist – aber sich nicht zwangsläufig ergibt –, sich die vom Lehrer für bedeutsam gehaltenen Erfahrungen selbst anzueignen. Bruners Konzept des »Entdeckenden Lernens« hat über Jahre hinweg die fachdidaktische Diskussion beeinflußt und es liegen Umsetzungsvorschläge für viele Unterrichtsfächer vor. Ob es allerdings auch nur annähernd erfolgreich im Schulalltag geworden ist, darf bezweifelt werden.

Überraschungsoffen sind schließlich einige Varianten des »offenen Unterrichts«, die seit den 70er Jahren hierzulande in Anlehnung an die britische Tradition der open education Fuß fassen. Auch hier soll der Ausgang des Unterrichts nicht schon vorab festgelegt werden, sondern sich erst im Prozeß der Auseinandersetzung mit dem Thema ergeben, und kann für verschiedene Schüler unterschiedlich aussehen. In den letzten Jahren gab es viele Bemühungen, diese Vorstellungen in handhabbare Arbeitsformen umzusetzen, z. B. das Lernen an Stationen und die Lernwerkstatt-Arbeit. Besonders hervorzuheben sind die Anstrengungen im Erstleseunterricht der Grundschule, wo standardisierende Lese- und Schreiblehrgänge durch Eigenfibeln ersetzt werden, so daß die von Kindern selbst aufgeschriebenen Erlebnisse und Geschichten zum Unterrichtsgespräch werden. Unterricht verläßt damit einen geradlinig vorgezeichneten Weg, begibt sich auf Nebenpfade, Schleichwege, kommt gelegentlich auch in Sackgassen und lebt ganz wesentlich von der Spannung des nicht im voraus Kalkulierbaren.

Einen Ansatz hätte ich fast vergessen, das Sokratische Gespräch[2] (nach Leonard Nelson), auf das ich aber jetzt nicht eingehen werde, weil es uns ja noch ganz besonders beschäftigen wird.

Statt dessen möchte ich zum Schluß die Vermutung äußern, daß überraschungsoffenere Ansätze wohl deshalb eine untergeordnete Rolle spielen, weil die Anforderungen an den Lehrer in Hinblick auf Wahrnehmungssensibilität, Geistesgegenwart und Reaktionssicherheit besonders hoch sind. Auch kann das Repertoire an Ideen und Kenntnissen nicht groß genug sein. Für Lehrer, die lernen mußten (und sich daran gewöhnt haben!), ihren Schülern nur in der Rüstung einer minutiösen Vorplanung gegenüber zu treten, muß allein die Vorstellung von einem solchen Unterricht Alpträume auslösen. Dagegen sollte man als Lehrer und Lehrerausbilder etwas tun!

Anmerkungen

1 Zur Einführung in die Konzeption B. Ottos geeignet: Kreitmair, K. (Hrsg.): Berthold Otto – Ausgewählte pädagogische Schriften. Paderborn Schöningh 1963.
2 Zur Einführung in die Methode des Sokratischen Gesprächs vgl. Heckmann, Gustav (1981). Eine der seltenen Beschreibungen von Erfahrungen mit dem sokratischen Gespräch im Schulalltag findet sich bei: Loska, Rainer (1992) S. 119 –122

Literatur

*Adl-Amini, Bijan & Künzli, Rudolf* (Hrsg.) (1980): Didaktische Modelle und Unterrichtsplanung, Juventa, Weinheim und München
*Bettelhäuser, H.-J.* (1980): Beurteilungs(r)ast(e) rologie bei Unterrichtsbesuchen und Lehrproben. In: Gründer, K. (Hrsg.) Unterrichten lernen. Schöningh, Paderborn, S. 51–62
*Heckmann, Gustav* (1981): Das Sokratische Gespräch, Schroedel, Hannover
*Klafki, Wolfgang* (1965): Studien zur Bildungstheorie und Didaktik (7. Aufl.), Beltz, Weinheim
*Lenzen, Dieter* (1980): Didaktische Theorie zwischen Routinisierung und Verwissenschaftlichung. Zum Programm einer Theorie alltäglichen pädagogischen Handelns. In: Adl-Amini, Bijan & Künzli, Rudolf (Hrsg.): Didaktische Modelle und Unterrichtsplanung, Juventa, Weinheim und München, S. 158–179
*Loska, Rainer* (1992): Lehren ohne Belehrung – Das Sokratische Gespräch. in Ipfling, H.J. (Hrsg.): Unterrichtsmethoden der Reformpädagogik, Klinkhardt, Bad Heilbrunn, S. 119 –122

*Meyer, W.-U.* (1988): Die Rolle von Überraschungen im Attributionsprozeß. In: Psychologische Rundschau 1988, 39. Jg. S. 136–147
*Muth, Jakob* (1962): Pädagogischer Takt – Monographie einer aktuellen Form erzieherischen und didaktischen Handelns, Quelle & Meyer, Heidelberg
*Möller, Christine* (1973): Technik der Lehrplanung (4. Auflage), Beltz, Weinheim
*Mühlhausen, Ulf* (1994): Überraschungen im Unterricht – Situative Unterrichtsplanung, Beltz, Weinheim
*Popp, Walter* (1976): Die Funktion von Modellen in der didaktischen Theorie. In: Dohmen, Günther; Maurer, Friedemann & Popp, Walter (Hrsg.): Unterrichtsforschung und didaktische Theorie, R. Piper & Co, München, S. 49–60.
*Schorb, Alfons O.* (1958): Erzogenes Ich – Erziehendes Du, Klett, Stuttgart
*Schulz, W.* (1965): Unterricht – Analyse und Planung. In: Heimann, P./ Otto, G. & Schulz, W. (Hrsg.): Unterricht – Analyse und Planung, Schroedel, Hannover, S. 13–47
*Spranger, Eduard* (1962): Das Gesetz der ungewollten Nebenwirkungen in der Erziehung, Quelle & Meyer, Heidelberg

# Mechthild Goldstein

## »Wir mußten selber denken.«
Ein »Sokratisches Experiment« im Mathematikunterricht der Jahrgangsstufen 8 und 9 einer Hauptschule

In unserer Hauptschule wird das Fach Mathematik ab Klasse 7 in Differenzierungsgruppen unterrichtet: Im Grundkurs (G-Kurs) werden in der Regel ausschließlich elementare mathematische Grundkenntnisse vermittelt, während der Erweiterungskurs (E-Kurs) den in Mathematik etwas leistungsstärkeren Schülerinnen und Schülern eine intensivere Beschäftigung mit mathematischen Sachverhalten, die – zumindest teilweise – über die minimalen Grundanforderungen hinausgehen, ermöglicht.

Im Mai 1997 habe ich im Mathematikunterricht der Jahrgangsstufen 8 und 9 in zwei Grundkursen jeweils eine Unterrichtseinheit zu einem geometrischen Thema durchgeführt, wobei ich versucht habe, den Unterricht möglichst weitgehend nach der Sokratischen Methode zu gestalten. Im folgenden werde ich dieses »Sokratische Experiment« am Beispiel der Unterrichtseinheit in der Jahrgangsstufe 8 etwas näher erläutern. Während der betreffenden Unterrichtsstunden war ein Praktikant anwesend, der Videoaufzeichnungen erstellt und diese in Auszügen transkribiert hat. Im Anschluss an die Unterrichtssequenz hat er dann mit einigen Schülerinnen und Schülern kurze Interviews geführt. Die Zitate der SchülerInnenäußerungen stammen aus seinem Transkript und aus meinen persönlichen Aufzeichnungen.

Der Grundkurs Mathematik der Jahrgangsstufe 8 bestand aus 15 Schülerinnen und Schülern (acht Mädchen, sieben Jungen) im Alter von 15 und 16 Jahren. Da es sich um eine Unterrichtseinheit im Rahmen des regulären Mathematikunterrichts handelte, waren die Schülerinnen und Schüler verpflichtet, daran teilzunehmen. Jedoch setzte sich die Gruppe aus sehr unterschiedlich motivierten Schülerinnen und Schülern zusammen. Der größte Teil der Schülerinnen und Schüler hat Probleme, sich sprachlich so zu artikulieren, daß alle den jeweiligen Gedankengang nachvollziehen können. Durch die Sokratische Methode ist die Gruppe der Teilnehmenden jedoch gezwungen, so lange bei einem Gedanken zu bleiben, ihn auf unterschiedliche Weise, durch verschiedene Personen zu erklären, bis alle ihn verstanden haben – eine gute Übung für meine Lerngruppe, wie ich fand. Einige Schülerinnen und Schüler hatten allerdings noch große Schwierigkeiten mit der deutschen Sprache – folglich erst recht mit der aktiven Teilnahme am Unterrichtsgespräch über ein mathematisches Thema.

Die Unterrichtseinheit bestand aus sechs Arbeitseinheiten, welche jeweils einer Unterrichtsstunde von 45 Minuten innerhalb des regulären Stundenplans entsprachen; diese Gesprächsstunden waren auf insgesamt 10 Tage verteilt. Hierin lagen natürlich einige große Schwierigkeiten für ein Sokratisches Gespräch: Der Abstand zwischen den einzelnen Unterrichtsstunden war recht groß; zwischendurch hatte der in der Stundentafel vorgesehene Unterricht in anderen Fächern stattgefunden. Es kam auch vor, daß eine Schülerin und ein Schüler einen oder gar mehrere Tage fehlte und somit mindestens eine Stunde unserer Unterrichtseinheit versäumte. Diese Schwierigkeiten habe ich dadurch aufzufangen versucht, daß zu Beginn einer jeden Unterrichtsstunde eine kurze Rückbesinnung auf den bisherigen Gesprächsverlauf und eine Wiederholung des aktuellen Gesprächsstandes stattfand.

Zur Einführung in die Unterrichtssequenz hatte ich auf eine ausführliche Darstellung der Gesprächsregeln verzichtet; es wurde lediglich darauf hingewiesen, daß es sich um ein »Experiment« handele, bei dem es darauf ankomme, daß die Lerngruppe *gemeinsam* und möglichst *eigenständig* zur Lösung eines mathematischen Problems komme. Außerdem wurde die Wichtigkeit der gegenseitigen Verständigung, des Zuhörens und Aufeinander-Eingehens betont sowie die – im Vergleich zum »normalen« Unterricht – veränderte Rolle der Lehrerin als Gesprächsleiterin, die keine inhaltlichen Bemerkungen macht und keine Bewertungen wie »richtig« oder »falsch« vornimmt, erläutert. Viele Gesprächsbeiträge und Zeichnungen wurden auf großen Plakaten festgehalten, damit sie nicht wie ein Tafelanschrib weggewischt wurden, sondern auch in den folgenden Unterrichtsstunden immer wieder im Klassenraum sichtbar gemacht werden konnten und der Gesprächsverlauf anhand dieser Mitschriften rekapitulierbar war.

Das Thema lautete: »*Läßt sich der Radius eines Kreises immer genau sechsmal auf der Kreislinie abtragen?*«. Es fügte sich organisch in den in dieser Jahrgangsstufe vorher und nachher behandelten geometrischen Unterrichtsstoff ein. (Mathematischer Hintergrund ist die Konstruktion eines regelmäßigen Sechsecks.)

In der ersten Stunde habe ich die Schülerinnen und Schüler zunächst einmal aufgefordert, jede/r für sich einen Kreis zu zeichnen, dann auf dem Kreisrand einen beliebigen Punkt festzulegen und von dort aus den Radius mehrmals hintereinander auf dem Kreisrand abzutragen, wobei jeweils der entsprechende Schnittpunkt Ausgangspunkt des nächsten Abtragevorgangs sein sollte. Die eigentliche Fragestellung habe ich an dieser Stelle noch nicht genannt, sondern die Schülerinnen und Schüler haben das zu erklärende Phänomen selbstständig entdeckt und zu »ihrer eigenen« Frage gemacht. Sie brachten auf meine Aufforderung hin jede/r eine eigene Zirkelkonstruktion auf Papier. Die erwartungsgemäß – durch ungenaue Zeichnungen – entstandenen unterschiedlichen Ergebnisse machten auch für die Schülerinnen und Schüler eine genauere Untersuchung der o.g. Frage erforderlich. Einige Schülerinnen und Schüler bemerkten sehr schnell: »Das geht ja genau auf«, »Es klappt sechsmal«. Bei anderen lag der sechste Schnittpunkt auf der Kreislinie *vor* dem Ausgangspunkt, bei wieder anderen *hinter* dem Ausgangspunkt. Da ich nicht bereit war, einer Gruppe zuzustimmen und ihr Ergebnis als »richtig« zu bewerten, entstand also die Notwendigkeit, den Sachverhalt näher zu untersuchen. Die Schülerinnen und Schüler formulierten hierzu selbst die Frage: »Läßt sich der Radius eines Kreises immer genau sechsmal auf der Kreislinie abtragen?«.

Nun waren die Schülerinnen und Schüler recht hoch motiviert und arbeiteten überwiegend engagiert mit. Sie hatten viele kreative Ideen und probierten zunächst einmal verschiedene Varianten aus, z. B. fragten sie sich, ob man den Radius auf einem Kreis mit größerem Radius häufiger abtragen könne als auf einem mit kleinerem. Nach mehreren Zeichnungen in den Heften entschieden sie sich jedoch, diese Frage zunächst nicht weiter zu verfolgen, sondern vermuteten, »daß es immer sechsmal klappt« und wollten dafür eine allgemeine Begründung finden. Sie brachten nun eine solche Kreiskonstruktion auf ein Plakat und zeichneten in ihren Kreis verschiedene Verbindungslinien (der Randpunkte untereinander und jeweils mit dem Mittelpunkt) ein. Auf diese Weise entstand ein Sechseck, das in sechs gleichseitige Dreiecke aufgeteilt war; jedoch brauchten die Teilnehmenden eine Weile, bis sie die Gleichseitigkeit erkannt und begründet hatten. Sie erkannten spezielle Strecken und deren Funktion innerhalb der Figur an verschiedenen Stellen wieder. (»Wir zeichnen da den Durchmesser ein; das ist eine Spiegelachse.«) Außerdem zeichneten sie weitere – mehr oder weniger hilfreiche – Linien ein. Besonders faszinierend war, daß sie auf diesem Wege in dieser einen Figur eine Vielzahl weiterer geometrischer Figuren erkannten und deren Eigenschaften miteinander besprachen, die ihnen im bisherigen Unterricht teilweise große Probleme bereitet hatten (Rechtecke, Parallelogramme, Trapeze ...).

Nachdem ein Schüler die Betrachtung der Winkel in den (gleichseitigen) Dreiecken angeregt hatte, versuchten die Teilnehmenden diese zunächst einmal auszumessen, was ich auch zuließ. Sie stellten jedoch sehr schnell fest, daß dies wohl eine sehr ungenaue und unzuverlässige Methode sei, »weil fast jeder andere Werte heraus bekommt«. Schließlich erinnerte sich eine Schülerin an den Winkelsummensatz, den sich die Schülerinnen und Schüler dann noch einmal gegenseitig – für alle verständlich – erläuterten. Letztlich fanden sie mit vereinten Kräften eine für alle zufriedenstellende Lösung auf der Basis ihres Vorwissens (Konsens): »Die Dreiecke haben 60°-Winkel. Wenn man 6 Dreiecke jeweils an einer Ecke zusammenlegt (Mittelpunkt), kommen 360° heraus (6 x 60°). Also können nur genau 6 Dreiecke hereinpassen – nicht mehr, nicht weniger.« Die einzelnen Elemente in dieser Begründungskette waren im Gesprächsprozeß schrittweise erkannt und allen verständlich gemacht worden.

Im Verlauf der Unterrichtsstunden kam es allerdings auch häufig zu Störungen, Konzentrations- und Motivationsschwächen, die zum Eingreifen der Lehrerin führten und teilweise Mechanismen in Gang setzten, die das (Sokratische) Gespräch unterbrachen. Das Gespräch schwankte somit immer wieder zwischen »sokratischen« und »fragend-entwickelnden« Phasen. Besonders auffällig war hierbei das unterschiedliche Gesprächsverhalten der Teilnehmenden – und auch der Lehrerin – in den verschiedenen Phasen. Während die Schülerinnen und Schüler in den sokratischen Gesprächsphasen selbst die Verantwortung für das Gespräch übernahmen, eigenständige Gedankengänge entwickelten, sich gegenseitig zuhörten, aufeinander eingingen – eben *miteinander* sprachen und gemeinsam eine Lösungsstrategie entwickelten –, fielen sie in den eher fragend-entwickelnden Gesprächsphasen, die ihnen aus dem »normalen« Unterricht vertraut waren, in ihr »normales« Unterrichtsverhalten zurück. Sie kommunizierten nicht *miteinander*, sondern *über die Lehrerin*, suchten immer wieder deren Bestätigung für ihre Aussagen und gaben einen Großteil der Verantwortung an die Leiterin ab. Auch ich bin immer wieder in die »übliche Lehrerinnen-Rolle« zurückgefallen; jedoch habe ich mich inhaltlich tatsächlich zurückgehalten und den Gesprächsverlauf nicht inhaltlich manipuliert. Ein Schüler drückte das so aus: »Frau Goldstein hat uns ja nicht geholfen. Wir mußten da dran knabbeln, ob wir das jetzt herausbekommen.«

Bei den Schülerinnen und Schülern überwogen offenbar die Eindrücke aus den sokratischen Unterrichtsphasen bei weitem. Eine Schülerin äußerte hinterher, sie habe sich irgendwie »verantwortungsvoller« gefühlt; »Ich muß auch mal meine Meinung selber sagen und den anderen immer zuhören. Und nicht, daß der Lehrer mich dann drannimmt.«

Alle Schülerinnen und Schüler haben sich aktiv am Gespräch beteiligt. Eine Schülerin meinte: »Es war immer interessant, denn jedesmal haben andere was gesagt [...] und dann wurde es dann immer noch interessanter. Und dann konnte man immer seine Meinung dazu sagen, also ob ich das richtig finde oder nicht.« Auffallend war dabei, daß in dieser Unterrichtseinheit gerade Schülerinnen und Schüler, die bisher in Mathematik nur sehr schwache Leistungen erbracht hatten, engagiert mitgearbeitet und zeitweise gar das Gespräch maßgeblich vorangebracht hatten. Besonders einer der schwächeren Schüler war offensichtlich ganz ergriffen von dem zur Diskussion stehenden mathematischen Sachverhalt; er beschäftigte sich auch in seiner Freizeit noch mit den im Unterricht aufgeworfenen Fragen und sprach mich sogar beim Mittagessen darauf an. Er war es dann auch, der schließlich die weiterführende Idee einbrachte, den Beweis über die Betrachtung der 60°-Winkel im gleichseitigen Dreieck zu führen. Dieser Schüler hatte dadurch wohl eine sehr tiefgehende Erfahrung gemacht: Er, der ansonsten nicht gerade mit mathematischen Höchstleistungen glänzen konnte, hatte einen so guten Gedanken, daß er die ganze Gruppe der Lösung des mathematischen Problems entscheidend näher gebracht hat. Hinterher äußerte er sich: »Das war auch schon interessant. Daß einer von uns überhaupt ... da drauf gekommen ist! (...) Und diesmal haben auch die meisten aufgezeigt und noch richtig bewiesen, daß sie was können, und gezeigt: 'Ja, ich kann was.' Und zeigen es mal«.

Ein kurzes Metagespräch fand nur am Ende der Gesprächseinheit statt; hierin und in anschließenden Einzelinterviews äußerten die Schülerinnen und Schüler u.a. den Eindruck, sie hätten die Lösung des Problems »ganz alleine«, ohne die Hilfe der Lehrerin gefunden. »Wir mußten selber denken«, äußerte sich ein Schüler sichtlich überrascht und angenehm berührt. Sie hätten auch mehr Zeit zum Nachdenken gehabt als im normalen Unterricht: »... Frau Goldstein hat uns Zeit gelassen, das zu überlegen. Und das war nicht so schnell. Wir hatten viel Zeit, uns zu überlegen, was da raus kommt.«, »Also wir haben uns schon Zeit gelassen. Das finde ich besser als so eine Hektik.«

Es mag angesichts der Fülle des in einem Halbjahr zu bewältigenden Unterrichtsstoffes sehr hoch gegriffen erscheinen, sich sechs Unterrichtsstunden mit einem solchen – vielleicht recht banal und trivial erscheinenden – mathematischen Sachverhalt zu beschäftigen. Allerdings sollte dabei berücksichtigt werden, daß die Lerngruppe im Zuge der Bearbeitung der (selbstgegebenen) Fragestellung weitere mathematische Sachgebiete streifte und dabei Einsichten erlangte, die den Schülerinnen und Schülern bisher verschlossen geblieben waren (z. B. im oben erwähnten Zusammenhang mit verschiedenen geometrischen Figuren).

Nicht zu unterschätzen ist nach meinem Eindruck auch die teilweise sehr viel höhere Motivation und die Arbeitsatmosphäre. Die Schülerinnen und Schüler gaben an, etliche Merkmale/Regeln eines Sokratischen Gesprächs, die sie in dieser Unterrichtsreihe fanden, sehr positiv erlebt zu haben. Das Gesprächsklima sei besser als im »normalen« Unterricht gewesen, und die Gruppe habe viel besser zusammengearbeitet. Ein Schüler: »Wir haben uns auch gegenseitig geholfen. (...) Und also wir haben uns da schon in Gemeinschaft mit beteiligt anstatt jetzt jeder für sich.« Ein anderer meinte: »... wir haben das einmal in Gruppengemeinschaften gemacht, nicht immer einzeln. Und das war besser, als wenn wir eben einzeln gemacht haben. (...) Ja, also wir haben gelernt, in Gruppen zusammenzuarbeiten. Also jeder sollte den anderen zuhören.« Auf die Frage, ob er meine, das habe auch funktioniert, ergänzte der Schüler: »Das hat funktioniert. Vielleicht wird das ja auch jetzt so sein, daß es so klappt in der Klasse.«

Auch für mich war dieses »Sokratische Experiment« eine sehr positive Erfahrung. Ich meine, daß in dieser Unterrichtssequenz trotz ungünstiger Rahmenbedingungen wesentliche Elemente eines Sokratischen Gesprächs zum Tragen gekommen sind, die durchaus positive Wirkungen hatten – wie auch die Rückmeldungen der Schülerinnen und Schüler zeigen. So habe ich mir vorgenommen – nicht zuletzt auch auf Wunsch der Schülerinnen und Schüler –, dieser Erfahrung weitere solcher »Experimente« folgen zu lassen. Ich hatte auch im Nachhinein den Eindruck, daß die Lerngruppe hierdurch in mancherlei Hinsicht ein gutes Stück weiter gekommen ist – nicht nur, aber auch im Verständnis der mathematischen Inhalte. (Im weiteren Unterricht zeigte sich, daß bestimmte Inhalte, wie z. B. der Winkelsummensatz oder Eigenschaften gleichseitiger Dreiecke, nun wirklich verstanden waren und bei allen »saßen«.)

Schließlich machten die Schülerinnen und Schüler durch dieses »Sokratische Experiment« wohl durchaus auch eine das Selbstvertrauen stärkende Erfahrung, wie das Fazit einer Schülerin zeigt: »Wir können doch noch 'was.« – vor dem Hintergrund, daß ein Mathematik-Grundkurs üblicherweise das Image einer »mathematischen Versager-Gruppe« hat, eine bemerkenswerte Aussage! Und sie fügte hinzu: »Das alles haben *wir* ja gelöst. Ich denke mir, das hat Spaß gemacht.«

Ingrid Delgehausen

# Erfahrungen mit dem Sokratischen Gespräch im Grundschulunterricht

Ich unterrichte seit vielen Jahren an der Grundschule in Niedersachsen. Die Schulform umfaßt die Klassen eins bis vier. Es werden dort also Kinder im Alter zwischen sechs bis ca. zehn Jahren unterrichtet. Das Experiment des Leitens Sokratischer Gespräche in dieser Altersstufe begann damit, daß ich im Religionsunterricht ab Klasse zwei Momente dieser Gesprächsform in die Gesprächsrunden einfließen ließ. Zu meinem Erstaunen waren selbst große Gruppen (bis zu 22 Kindern) leichter und besser zur Kommunikation miteinander in der Lage, als wenn ich sie fragend-erörternd unterrichtete.

Durch meine praktischen Erfahrungen in der Leitung von Sokratischen Gesprächen mit Jugendlichen und Erwachsenen, fühlte ich mich vor ca. zweieinhalb Jahren ermutigt, diese Gesprächsform auch einmal mit Kindern durchzuführen. Meine Befürchtungen betreffend der Gruppengröße, der Disziplin, der Ausdrucksmöglichkeit und des abstrakten Denkens bei den Kindern zerstreuten sich schnell nach den ersten Sitzungen. Unter unterschiedlichen Bedingungen führte ich in vier verschiedenen Gruppen je ein Sokratisches Gespräch durch. Die Ergebnisse waren unterschiedlich, aber durchweg positiver Natur.

Das erste Gespräch bot ich ab Sommer 96 meiner damaligen zweiten Klasse als freiwillige zusätzliche Arbeitsgemeinschaft an. Die Schüler bekundeten Interesse und brachten nur ein schriftliches Einverständnis ihrer Eltern mit, daß sie neben dem planmäßigen Unterricht eine Stunde länger am SG teilnehmen durften. Die Schulleitung genehmigte die Durchführung in der Schule. Da von 25 Kindern 18 Interesse anmeldeten, blieb uns nichts anderes übrig, als die Teilnahme auszulosen, um die vorher von mir genannte und gewünschte Gruppengröße von zehn Teilnehmers nicht zu überschreiten. Der Prozentsatz von Jungen und Mädchen entsprach dem der Klasse. So nahmen nach der Verlosung drei Mädchen und sieben Jungen im Alter zwischen sieben und neun Jahren teil. Der Vorteil, den wir in dieser Gruppe hatten, war der, daß wir uns nur dann trafen, wenn alle Kinder auch wirklich anwesend sein konnten. Wurde ein Kind krank, so wurde am Abend vorher oder am gleichen Morgen eine Telefonkette in Gang gesetzt, die die Eltern über den früheren Schulschluß ihrer Kinder informierte. Innerhalb des Schuljahres hatten wir 13 Sitzungen zu je 45 Minuten.

Das Thema »Was ist Freundschaft?« hatte ich den Kindern schon vorher vorgeschlagen. In der ersten Sitzung erläuterte ich ihnen noch einmal mit kindgerechten Worten die sechs Maßnahmen, wie sie Gustav Heckmann in seinem Buch beschreibt, also die Regeln des SGs. Ich schrieb sie mit kurzen Worten an die Tafel. Den Tafelanschrieb und ein kurzes Protokoll bekam jedes Kind von mir zu Beginn der jeweils folgenden Stunde. Ich nahm den Schülern die Schreibarbeit ab, da die meisten von ihnen in diesem Alter sowohl mit der Rechtschreibung beim Abschreiben als auch mit der Geschwindigkeit des Schreibens noch große Schwierigkeiten hatten.

Das Protokoll wurde zu Beginn der nächsten Stunde reihum von den Kindern vorgelesen, um die Erinnerung aufzufrischen und den Einstieg ins nächste Gespräch zu erleichtern.

In der zweiten Sitzung erzählte jedes Kind wenigstens ein Beispiel. Jeder beschrieb eine kurze Situation, in der er/sie Freundschaft erlebt hatte. Zu meiner Verwunderung waren diese kleinen Kinder viel eher in der Lage, das Beispiel auf den Punkt zu bringen als Erwachsene.

Mit kurzen, knappen Beschreibungen erzählten sie von wirklich kurzen Erfahrungsausschnitten, wie ich es bei älteren Teilnehmern noch nie erlebt hatte. Freunde, mit denen ich später über dieses Phänomen sprach (es wiederholte sich in den anderen Gruppen) meinten, es läge daran, daß Kinder noch nicht über den Erfahrungsschatz älterer Menschen verfügen. Aber das glaube ich nicht. Ich hatte den Eindruck, sie waren emotional unbelasteter. Sie konnten sich auf alle Regeln viel leichter einlassen und sie einhalten als Erwachsene. Sie brauchten sich in den Gesprächen nicht darzustellen. Sie waren untereinander »gleichwertiger« als es bei Erwachsenen der Fall ist.

Die Auswahl des Beispiels verlief schnell und unkompliziert, so daß in den folgenden Sitzungen inhaltlich gut gearbeitet wurde. Nach einigen Wochen (einigen Stunden) wurden die Aussagen der Kinder auch an anderen Beispielen überprüft und tatsächlich in Ansätzen

Abstraktionen vollzogen. Ihnen war klar, daß ihre Ansichten auch in anderen Situationen begründet zu vertreten sein sollten. Zu Beginn schrieben wir an Stelle des Begriffs »Konsens« immer »Alle«. Nach einiger Zeit führte ich den Begriff »Konsens« ein. Die Kinder fanden viele Kriterien heraus, die den Begriff »Freundschaft« ausmachen oder die er beinhaltet. Sie differenzierten Aussagen überprüften sie, verwarfen oder erhärteten sie, waren aber immer offen. Am letzten Tag erarbeiteten sie ihren letzten Konsens: »Wir wissen jetzt zwar nicht ganz genau, was Freundschaft ist, aber wir haben viele 'Dinge' ('Sachen', 'Teile') gefunden, die zur Freundschaft unbedingt dazugehören.«

Jedes Kind war in den meisten Augenblicken wirklich stark bemüht, die Gesprächsregeln einzuhalten, das Thema voranzubringen, gegenseitige Verständigung herbeizuführen, seine eigene Meinung zu vertreten. Selbst als mir bei der Anschrift einer Aussage ein kleiner Fehler unterlief, berichtigte mich der Junge mit den Worten: »Frau Delgehausen, du hast ja gesagt, man soll nie 'ja' sagen, wenn man etwas anderes meint als die anderen. Und da muß ich dir sagen, daß du ein falsches Wort angeschrieben hast und nicht meinen Satz.« Oft versuchten sie auch die Aussagen anderer Mitschüler mit eigenen Worten zu wiederholen, ohne daß ich sie dazu auffordern mußte. So fingen Sätze häufiger an mit: »Wenn ich Tina richtig verstanden habe, meinte sie doch ...« oder »Ich glaube, Annika will damit sagen, daß...« oder »Habe ich dich richtig verstanden und du meinst, ...?« Bevor sie überlegten, was sie dazu überhaupt meinten, versuchten sie erst einmal ganz genau zu verstehen, was der andere sagen wollte. Wir Erwachsenen haben oft so viele Schubladen im Kopf, daß wir manchmal (oder öfter) eine Aussage schon zugeordnet und kritisiert haben, bevor wir sie richtig aufgefaßt haben. Die Kinder gingen viel unbefangener und leichter damit um.

In einer der ersten Stunden begann ein Junge zu weinen. Die anderen waren so ins Gespräch vertieft, daß sie es noch nicht bemerkt hatten. Ich fragte ihn nach dem Grund der Tränen. Er antwortete, daß er so traurig sei, weil er gar keine neuen Ideen hätte und sein Name noch nicht an der Tafel stünde. Ich hatte bis dahin immer darauf geachtet, daß möglichst alle Kinder mit Namen und ihrer Aussage aufgeschrieben waren und erklärte ihnen nun, daß das SG eine Gemeinschaftsarbeit sei und die Namen keine Belobigung darstellten, sondern uns nur erinnern sollten, wer was gesagt hat. An dieser Stelle sprachen wir dann über den Begriff »Konsens« und daß wir immer nur so weit wie alle sind.

Nun noch ein paar Sätze zu den Metagesprächen der ersten Gruppe. Zu Beginn überlegte ich, ob ich überhaupt ein Metagespräch durchführen sollte. Die Kinder fühlten sich sichtlich wohl und arbeiteten wirklich hervorragend miteinander und ein wirkliches Problem, wie das oben mit den Tränen, erörterten wir ohnehin sofort. Trotzdem entschied ich mich, jeweils am Ende der Stunde ein kurzes Metagespräch durchzuführen. Einige Äußerungen, die für mich sehr amüsant waren, möchte ich hier noch erwähnen:

Sebastian: »Ich finde es blöd, daß die Zeit immer so schnell weg ist.«

Alexander: »Es geht so schnell, als wenn ich mit dem Ferrari von Lohnde nach Seelze (ca. 1,5 km) fahre.«

Tina: »Das kommt alles so aus dem Herzen und nicht nur aus dem Kopf.«

Annika: »Es ist schön, daß ich keine Angst haben muß, was Falsches zu sagen und dann eine schlechtere Zensur bekomme.«

Frédéric: »Man muß gar nicht immer übereinstimmen, sollte sich aber darum bemühen.«

Streitigkeiten oder Erörterungen von Kränkungen, wie sie manchmal in Metagesprächen der Erwachsenen vorkommen, gab es gar nicht. Jeder erzählte mir, wie er sich gefühlt hatte. Für einige Kinder dieser Gruppe war das SG neben dem Sportunterricht das »Tollste« in der Schule.

Nun zu den beiden nächsten Gruppen: Da auch ich die erste Erfahrung mit dem SG mit Kindern so positiv empfunden hatte, biete ich seit dem Schuljahr 97/98 im vierten Schuljahr im Rahmen einer Arbeitsgemeinschaft das SG an. Unsere Schule bietet im vierten Schuljahr verschiedene AGs an, z. B. Stricken, Fensterbilder basteln, Musik-AG, Flöten, Tischtennis, Malen usw. Die Kinder können zwischen den verschiedenen Themen wählen. Wenn die Gruppen zu groß werden, teilen wir sie, so daß nie mehr als zehn Kinder auf einmal unterrichtet werden. Der Nachteil bei dieser AG war, daß es immer mal wieder vorkam, daß ein krankes Kind fehlte. Da wir jedoch je nur eine Schulstunde zur Verfügung hatten und nicht sehr oft Kinder fehlten, konnten wir durch Wiederholung des vorangegangen Gesprächs das Kind wieder auf den laufenden Gesprächsstand bringen. Ein weiterer Nachteil bestand darin, daß ich durch die Teilung der Gruppe nur alle 14 Tage die gleichen Kinder hatte. Es lag viel Zeit zwischen je zwei Gesprächen und einige Schüler hatten manchmal Schwierigkeiten, sich zu erinnern. Auch für diese Kinder schrieb ich die Tafelanschrift ab und fotokopierte sie, worüber sie sich sehr freuten. Alle Gruppen bisher hatten keine große Lust, die Tafelanschriften selbst abzuschreiben.

In beiden Gruppen gab ich auch dieses Mal das Thema »Was ist Freundschaft?« vor. Die ersten Sitzungen verliefen ziemlich ähnlich wie bei der ersten Gruppe. Im fortschreitenden Verlauf zeigten sich kleine Unterschiede im Verhalten und in den Ergebnissen. Gruppe 2 A bestand nur aus Mädchen, Gruppe 2 B war gemischt, hatte aber mehr Jungen als Mädchen. Die reine Mädchengruppe hatte manchmal Schwierigkeiten, sich zu konzentrieren, sich gegenseitig zuzuhören, gemeinsam nach Formulierungen zu suchen. Nach einigen Sitzungen bemerkten sie, daß sie weniger Konsense als die andere Gruppe hatten und waren ganz enttäuscht. Erst nach einem Metagespräch, in dem ich ihnen erklärt hatte, daß ich mich unwohl gefühlt hätte, weil sie sich ins Wort gefallen wären, daß sie Nebengespräche geführt hätten, daß sie unkonzentriert gewesen wären und daß es nicht auf die Menge der Konsense ankäme, änderte sich die Arbeitshaltung. Leider hatte ich in beiden Gruppen auch keine Abschlußgespräche, da die beiden Stunden aus Stundenplangründen ausfielen. So endeten diese Gespräche nicht so »rund« wie das erste Gespräch.

Seit Sommer diesen Jahres findet wieder ein SG im Rahmen der AGs fürs vierte Schuljahr statt. Da in dieser Gruppe Kinder aus meiner Klasse sind, mit denen ich schon vor zwei Jahren das SG durchgeführt hatte, gab ich dieses Mal kein Thema vor. Ich erklärte den Schülern, welche Art von Fragen wir in einem SG erörtern können und nannte ihnen zwei Vorschläge: »Sind Regeln in der Schule sinnvoll?« und »Ordnung ist das halbe Leben«. Danach bat ich sie, sich selbst Fragen auszudenken, an denen sie interessiert sind. Es kamen noch folgende Fragen dazu: »Soll man nie lügen?«, »Warum sollte man die Umwelt schützen?«, »Warum muß man manchmal fragen?«, »Was meint Jesus, wenn er sagt: Liebe deinen Nächsten wie dich selbst?«

Die Schüler entschieden sich für die Frage: »Warum sollte man die Umwelt schützen?« Jedes Kind hatte bei der Abstimmung zwei Punkte. Diese Frage bekam von jedem Kind einen Punkt. Der je zweite Punkt verteilte sich auf mehrere Fragen.

Bei der Auswahl des Beispiels ging ich immer genau so vor. Im Gegensatz zu den Erwachsenen gab es auch bei der Entscheidung für eines der Beispiele nie Probleme.

Abschließend möchte ich sagen, daß ich sehr froh bin, das Experiment des SGs mit Grundschulkindern gewagt zu haben. Meine Erwartungen wurden weit übertroffen. Es hat sowohl den Kindern als auch mir viel Spaß und Freude gemacht. Und ich hatte den Eindruck, alle Kinder haben etwas ganz Besonderes mitgenommen, auch wenn sie bei der Suche nach Wahrheit nur ein paar kleine Schritte gegangen sind und ihre Gewinne an Einsicht sich in Grenzen halten. Die andere Art des Umgangs miteinander, die andere Atmosphäre während der Sitzungen und die Übung im Formulieren von Aussagen sowie der Gewinn an Selbstbewußtsein und Selbstbestimmung sind positive Ergebnisse der Arbeit.

Rene Saran

# Socratic Dialogue in a Secondary School
School Rules and their Application*

During 1997 the author facilitated a Socratic dialogue with ten girls and boys drawn from Years 8 and 10 at Hampstead School. All were elected members of the School Council, which from time to time reviews the school's rules and classroom code. She therefore suggested the topic *Are Rules Necessary?* Most of this article is a report on the students' dialogue.[1]

## Introduction

I am a long-standing governor of Hampstead Comprehensive School in North West London. Another thread in my life is experience of the Socratic method in both Germany and Britain. A couple of years ago I talked to Camden secondary heads about the value which use of this method might offer to secondary school students. After participation over decades in Socratic dialogue groups, I became a Socratic facilitator recently. The Socratic method in the twentieth century was pioneered by the German philosopher, Leonard Nelson, after the First World War. It has been practised continuously in various European countries ever since with children, students and adults. After the Second World War a growing number of people have participated in Socratic dialogue groups, and the number of experienced facilitators has increased, especially in Germany and the Netherlands. More recently practice of the method has also taken off in Britain.

## What Socratic Dialogue Can Offer

Participants experience an opportunity to improve their critical thinking and reasoning skills by philosophising cooperatively in a group, aiming to arrive at agreement on a challenging question. The question is at the centre of the dialogue and is explored through systematic reflection about a concrete experience of one or more of the participants with which all in the group can identify. Everyone in the group (in this case including the headteacher) has an equal right to be heard. The discussion moves slowly and systematically, so that all participants gain insight into the substance of the dialogue. The process of learning to philosophise moves from the concrete, particular experience to seeking general propositions, judgements or answers, validated by reasons which all in the group find convincing.

## The Hampstead Dialogue

It quickly became apparent that all in the group agreed that rules are necessary, so a simple 'yes' answer could have concluded our activity. It did not take long to turn the question into a more challenging one, and various suggestions were made by the students:

– Are all rules necessary?
– When are rules necessary?
– In which circumstances are rules necessary?
– Why are rules necessary?

The majority settled for this last question.

## Finding an Example

In the past I have worked with adult groups and I was immediately struck by the simple nature of the students' examples. Adults often have a way of making things more complicated. Every student briefly outlined an experience. Each example consisted of a discrete event. Most but not all related to school, two to primary school, six to Hampstead School and three to experiences outside school.

## The School Examples

1. "At primary school we were not allowed fizzy drinks, but the teachers did have them."
2. "At junior school our uniform prescribed white ankle socks, otherwise we were sent home. It was ridiculous!".
3. "Even though it was cold in the classroom, I had to take off my jacket because of the classroom code."
4. "I was in PE. The teacher would not allow me to wear my hoops because of the PE code: no jewellery."
5. "We were late for the coach to go to off-site PE. But we were not allowed out of the year room until we had finished our lunch: no walking to the coach whilst eating."
6. "I asked a friend a relevant question during a maths lesson and was told to be quiet under the classroom code."
7. "We are not allowed to drink in the classroom. I was rushing to be on time for registration and could not finish my drink."
8. "On sports day our teacher required that equal numbers of girls and boys participate in each team. My team was unable to enter because we were short of girls."
9. "In a local meeting attended by potentially angry people, I felt the rules for the meeting ensured reasonable order."
10. "My age barred me from going on the bouncy castle at the fairground."
11. "Passes have to be shown on the bus. I am 15, but without my pass I had to pay the adult fare."

Before deciding which example to choose for our dialogue, the group made two observations: each example described a situation in which the person either questioned or confirmed a given rule; secondly, fairness in the application of rules appeared in many examples. Thereafter, various examples were "nominated", and reasons given for their choice. These included that certain rules about equality are of major importance and that some examples involved the interesting question of relationships between teachers and students. In the end two examples received an equal number of votes (numbers 1 and 8), so we chose 8 by tossing a coin!

## The Selected Example

Next we had to describe the example in more detail in order to pursue the question: why are rules necessary?

*At the recent Hampstead Team Sports Day, girls were outnumbered by boys (from the same class). For the tug of war the rule was that each team should have four boys and four girls. My class had only two girls and we were not allowed to "borrow" two additional girls from another class. My team therefore entered four boys and two girls against another team of four boys and four girls. So we lost because we were disadvantaged. This was unfair because the rules were applied inflexibly.*

## Why are Rules Necessary?

In returning to the main question the group now examined the rule concerning four boys and four girls per side by asking two relevant sub-questions:
– why was the particular rule needed?
– why was the rule applied so rigidly on sports day?

In answer to the first, participants agreed that an orderly competition requires rules; further, that it is important to ensure equal sides, and that this equality could refer to boys/girls, athletes/non-athletes; and to balance between teams (which could be met, for example, by six boys and two girls per team).

Looking at the second question, the students found it puzzling that the four boys/four girls rule had been applied so inflexibly. They argued that in the application of rules all circumstances should be taken into account, which in the example meant that note should have been taken of the fact that more boys than girls had turned up for sports day; that the low turn out of girls may have resulted from stereotyping (e.g. football is for boys, not for girls); and that – given the circumstances – rigid application of the rule meant that pressure was put on the girls to participate in the event, which exhausted them (some of them almost literally hobbled into the headteacher's room, where the Socratic dialogue took place).

Before the lunch break, then, our conclusion was, that rules are needed for the orderly pursuit of team games, but that a more flexible application of the particular rule in our example would have been fairer and thus more acceptable.

## New Questions

After lunch it became clear that the morning's effort of listening and contributing to the dialogue had required great concentration and a certain weariness pervaded the room.

We therefore made a new start, using points which had arisen during the morning. Many of the original examples had referred to the classroom code, others to rules. It almost seemed as if the two terms were used interchangeably, and several students thought teachers applied the classroom code as if it is a set of rules. The question which aroused interest at this stage was: what is the difference between codes and rules? A subsidiary question was: are codes more effective?

Several new thoughts were thrown into the arena. Maybe rules set out what one has to do or must do. Such rules create barriers to permitted action. They spell out explicitly the "dos and don'ts". Rules concerning safety in the science laboratories were cited. Maybe, then, by contrast, codes lay the basis for good behaviour, in the sense of providing guidance. Reference was made to the code of not wearing outdoor clothing in the classroom. One student on a day when it was very cold had nevertheless been told to take his jacket off, as if this was a rule (rigidly applied).

By now, time was running out. One further final question was repeated: are codes or rules more effective? The group recognised that we had not made the distinction between codes and rules sufficiently clear, so we were unable to answer the question. But we did agree that both codes and rules are more effective if:
- those to whom they apply have been involved in making and amending them; and
- there is a good teacher/student relationship.

## Evaluation of the Day

Students made the following points about their first experience of the Socratic dialogue:
- it had heightened their listening skills;
- it had increased their understanding of the teacher's situation;
- it had focused and concentrated their thinking;
- participants had experienced different viewpoints on the same issue and the Socratic dialogue had made them more considerate towards the viewpoints of others;
- systematic discussion of one topic is hard and requires great concentration;
- the group had experienced mutual trust between all members;
- they had enjoyed the work.

To improve the activity for the other groups of school students, two suggestions were put forward:
- the dialogue should be timetabled for the morning only;
- students should be involved in the choice of topic.

## The Facilitator's Reflections

The practice of the Socratic dialogue has great potential for school students. Clearly it needs skilful facilitation - I know only too well that it is not easy to be such a facilitator. But the activity is very rewarding.

One comment with which I would like to conclude is that it was easy for the students aged 14–16 to move from the relatively simple concept of "rule" to a much more complex one, "flexibility of rule application". This could be highly relevant to the question of teacher discretion in schools or, by analogy, to a judge's discretion in a court of law. The transition from the simple to the more complex concept came about because the students shared with the example-giver the feeling of unfairness. Ethical issues arose from them. In seeking to understand their shared feeling, the group thought that the rule about equal opportunity for boys and girls had been applied too rigidly, given the particular circumstances. The students discovered that inflexibility can lead to unfairness. They tried to address the issue of how to distinguish between rules that should be applied inflexibly and those where it might be valid, indeed even desirable, to apply them flexibly.

They did not gain the insight that flexible application of rules might also lead to unfairness (e.g. differential sanctions applied as between students for the same breach of a rule).

\* Dieser Artikel wurde zuerst veröffentlicht in: Management in Education, Volume 12, Issue 3, 1998

Klaus Draken

# Eignet sich das »Sokratische Gespräch« für die Schule?
Überlegungen aus der Sicht des Philosophieunterrichts an der gymnasialen Oberstufe

Einleitende Überlegungen

Das Sokratische Gespräch als ein didaktisches Modell für die Schule zu diskutieren, besitzt für viele Kenner der Nelson-Heckmann Tradition große Attraktivität. Dies ist kein Zufall! 1922 hielt Nelson seinen berühmter Vortrag über »Die Sokratische Methode« (Nelson 1987) und in den Jahren 1923 und 1924 verwirklichte er sein eigenes Schulprojekt, das Landerziehungsheim Walkemühle. »Ein hoher Stellenwert für den Unterricht in der Kinderschule als auch in der Erwachsenenabteilung wurde der Sokratischen Methode eingeräumt. Die Walkemühle bot hierfür ein langfristiges Experimentierfeld.« (Franke 1991, S. 194) Dieses Experimentierfeld in den heutigen Schulen wiederzuentdecken, kann den Sokratikern folglich zurecht als eine mit der Nelson-Heckmann Methode übernommene Aufgabe erscheinen!

»Es nützt nun einmal nichts, eine richtige, klare und wohlbegründete Lehre vor dem Schüler auszubreiten, – es nützt nichts, selbst wenn der Einladung zum Mitdenken vom Schüler Folge geleistet wird, – ja es nützt sogar nichts, den Schüler auf die Schwierigkeiten hinzuweisen, die der überwinden muß, der selbständig solche Ergebnisse finden will. Dem Schüler, der zur selbständigen Beherrschung des philosophischen Lehrgehalts vordringen soll, kann es nicht erspart bleiben, aus der bloßen Kenntnisnahme der Probleme und ihrer Schwierigkeiten herauszutreten und in unablässiger Übung mit ihnen zu ringen, um sie, durch den täglichen Umgang mit ihnen, mit all ihren Tücken und Fallstricken und in ihren mannigfachen Gestalten meistern zu lernen.« (Nelson 1987, S. 33f.)

Diese Forderung aus Leonard Nelsons grundlegendem Vortrag zur »Sokratischen Methode« erscheint sehr weitgehend und verweist auf unterschiedliche Positionen in der Philosophiegeschichte und in der aktuellen Philosophiedidaktik. Zwar beruft sich Nelson zurecht auf die vielerorts anerkannten Grundgedanken Kants, der kritisiert: »Der den Schulunterweisungen entlassene Jüngling war gewohnt zu *lernen*. Nunmehro denkt er, er werde *Philosophie lernen*, welches aber unmöglich ist, denn er soll jetzt *philosophieren lernen*. [...] Um also auch Philosophie zu lernen, müßte allererst eine würklich vorhanden sein. Man müßte ein Buch vorzeigen und sagen können: sehet, hie ist Weisheit und zuverlässige Einsicht; lernet es verstehen und fassen, bauet künftighin darauf, so seid ihr Philosophen: bis man mir ein solches Buch der Weltweisheit zeigen wird [...], so erlaube man mir zu sagen: daß man des Zutrauens des gemeinen Wesens mißbrauche, wenn man, anstatt die Verstandesfähigkeit der anvertrauten Jugend zu erweitern, um sie zu künftig reifern *eigenen* Einsicht auszubilden, sie mit einer, dem Vorgeben nach, schon fertigen Weltweisheit hintergeht.« (Kant 1975) Dagegen steht Hegel, der fordert: »Die Philosophie muß *gelehrt und gelernt* werden, so gut als jede andere Wissenschaft.« Es geht Hegel also um »das Lernen einer *bereits* vorhandenen, ausgeprägten Wissenschaft. Diese ist ein Schatz von erworbenem, herausbereitetem, gebildetem Inhalt; [...] Der Lehrer besitzt ihn; er denkt ihn vor, die Schüler denken ihn nach. [...] Das originelle, eigentümliche Vorstellen der Jugend über die wesentlichen Gegenstände ist teils noch ganz dürftig und leer, teils aber in seinem unendlich größeren Teile *Meinung, Wahn, Halbheit, Schiefheit, Unbestimmtheit*. Durch das Lernen tritt an die Stelle von diesem Wähnen die Wahrheit.« (Hegel 1970)

Das Sokratische Gespräch in der Nelson-Heckmann Tradition hat sich von dem Hegelschen Lernen völlig gelöst und setzt allein auf die »unmittelbare Erkenntnis der reinen Vernunft« (Nelson 1970, S. 28) und auf das aus ihr folgende »Selbstvertrauen der Vernunft« (a.a.O., S. 31f.). Wenn dagegen im aktuellen Lehrplanentwurf für das Fach Philosophie an der gymnasialen Oberstufe für Nordrhein Westfalen formuliert wird, daß »die Kenntnis der philosophischen Tradition nicht mehr, aber auch nicht weniger als *die* Voraussetzung einer rationalen Erkenntnis aus Prinzipien« (Landesinstitut 1997, S. 8) sei,

dann zeigt dies, wie hier an politisch entscheidender Stelle das »Nachdenken« der anerkannten Philosophie auch heute noch als ausschließlicher Zugang zu philosophisch geschultem Denken angesehen wird. Ich bezweifle allerdings, ob diese Sichtweise der »Bildung [...] als Lern- und Entwicklungsprozeß, [...] den Anspruch auf Selbstbestimmung und die Entwicklung eigener Leben-Sinnbestimmungen zu verwirklichen« (Bildungskommission NRW 1995, S. XII) entspricht. Nelson hätte diese Herangehensweise sicherlich abgelehnt, um die Gefahr auszuschließen, »dem eigenen Urteil des Schülers durch Anbieten eines Vorurteils zuvorzukommen« (Nelson 1987, S. 21). Gisela Raupach-Strey formuliert entsprechend als »konstitutive« Regel für das Sokratische Gespräch in seiner Tradition:
»Autorität für die Gültigkeit von Argumenten ist *nicht*:
– eine Person oder Gruppe;
– was man gelesen oder gehört hat;
– eine Lehre;
*sondern*:
– das 'Selbstvertrauen der Vernunft' und
– der Logos-Grundsatz: der 'eigentümlich zwanglose Zwang des besseren Arguments'« (Raupach-Strey 1997, S. 151)

Die zu stellende Frage ist somit, ob das so definierte Sokratische Gespräch (*neben* einer dem Richtlinienentwurf entsprechenden Textarbeit) für einen sich wissenschaftspropädeutisch definierenden Oberstufenunterricht einsetzbar und zu verantworten ist? (Siehe hierzu auch: Draken 1989 und Neißer 1997) Um diese Frage theoretisch begründet und empirisch untermauert beantworten zu können, ist es notwendig, das o.g. »Experimentierfeld« Schule mit dem Sokratischen Gespräch zu beschreiben. Es ist ebenso wichtig zu reflektieren, *wie* das Sokratische Gespräch im schulischen Kontext heute realisiert werden soll. Hierzu möchte ich ansatzweise einige Überlegungen anbieten. So werde ich zunächst *eigene Unterrichtsversuche mit dem Sokratischen Gespräch* in ihrer Anlage beschreiben, Reflexionen zu *drei sokratischen Schulgesprächen* ausführen, um daraus folgernd die *Grundlagen der Bewertung* des Sokratischen Gesprächs für die Schule anzudenken.

# Eigene Unterrichtsversuche mit dem Sokratischen Gespräch

Eine meiner Aufgaben an der Städtischen Gesamtschule Solingen ist es, richtlinientreuen und methodisch differenzierten Oberstufenunterricht im Fach Philosophie zu erteilen. Hierbei leite ich mit den SchülerInnen aus Alltagsproblemen philosophische Fragestellungen ab, führe Gedankenexperimente durch, lese philosophische Texte, wende philosophische Gedankengebäude auf Alltagssituationen an und bemühe mich um rationale Diskussionen unter den SchülerInnen. Somit gelingt mir mein Unterricht, wie wohl den meisten anderen Kolleginnen und Kollegen auch, mal besser und mal weniger gut.

Einige Male habe ich auch den Versuch unternommen, für einen bestimmten Zeitraum streng nach der Methode des Sokratischen Gesprächs in der Nelson-Heckmann Tradition vorzugehen, was sich anhand der Aussagen zur »Lernorganisation« der noch gültigen nordrhein-westfälischen Richtlinien für das Fach Philosophie an der gymnasialen Oberstufe nahezu aufdrängt: »Der Dialogcharakter des Philosophierens, die Notwendigkeit zum Selberdenken statt bloßer Übernahme von Denkergebnissen und die Radikalität des Weiterfragens verlangen einen Unterricht, dessen wichtigstes Prinzip die Offenheit ist.« (Der Kultusminister 1981, S. 86) Diese Kriterien sind, einschließlich der Überraschungs-»Offenheit« durch das Sokratische Gespräch, wohl bestens erfüllt.

Eingeleitet habe ich die Gespräche immer durch »normale« Textarbeit, zu der ich Auszüge aus einem Zeitschriftenartikel über das Sokratische Gespräch verwendet habe [Heckmann/Krohn 1988, S. 38–43; alternativ verwendbar: Raupach-Strey 1989 oder die Broschüre »Das Sokratische Gespräch« (PPA 1997)]. Wichtig waren mir hierbei stets zwei Aspekte:

Zum einem mußte mit den sokratisch unerfahrenen SchülerInnen die methodisch-strukturelle Vorgehensweise im Gespräch erarbeitet werden. Diese Struktur entspricht übrigens dem vierschrittigen Unterrichtsschema, »Wahrnehmen und Beschreiben (1), Analysieren und Verstehen (2), Urteilen und Entscheiden (3) und Planen und Handeln (4)«, wie es Antje Kessler in »Ethik & Unterricht« für die erziehungswissenschaftliche Unterrichtssicht proklamiert hat (Kessler 1997):

(1) Mit seinem Ausgangspunkt im Konkreten, welcher selbsterlebte Beispiele der Gesprächsteilnehmer aufgreift, ist das »Wahrnehmen und Beschreiben« dieser Erlebnisse die Grundlage für alles, was im weiteren Gespräch mit dem Ziel der Wahrheitssuche noch geschehen soll. Wir haben hiermit im Sokratischen Gespräch die Möglichkeit, ganz direkt an die Lebensrealität von SchülerInnen anzuknüpfen.

(2) Wenn die Gruppe sich auf ein zu bearbeitendes Beispiel festgelegt hat, folgt in der Regel die genauere Befragung der Beispielgeberin oder des Beispielgebers bzw. dessen detailliertere Ausführung des Beispiels mit dem Ziel, durch dieses »Analysieren« des Beispiels zu einem möglichst umfassenden »Verstehen« des Erlebnisses in und durch die gesamte Gruppe zu gelangen.

(3) Wenn das Beispiel ausreichend erfaßt ist, dann geht es im Gespräch um die Suche nach abstrakteren, hinter dem Beispiel liegenden allgemeinen Erkenntnissen, wobei das »Urteilen« eines jeden einzelnen Gruppenmitgliedes notwendig ist, wenn ein Konsens angestrebt wird. Die Zustimmung der gesamten Gruppe zu einer gefundenen Aussage stellt in gewissem Sinne das »Entscheiden« auch als das Entscheidende für das Gesprächsziel, »der Wahrheit in einer Frage näherzukommen« (Heckmann 1981, S. 7), dar.

(4) Wenn als vierter Schritt »Planen und Handeln« genannt wird, so kann im Fach Philosophie nur das Planen und Handeln gemeint sein, welches sich auf Werte und Wertvorstellungen des einzelnen in unserer Gesellschaft bezieht. Gerade für dieses Planen und Handeln schafft das Erlebnis eines gelungenen Sokratischen Gesprächs eine breitere und reflektiertere Basis, welche letztlich auf »vernünftige Selbstbestimmung« (Nelson 1987, S. 20) des Schülers abzielt.

Zum anderen war mir immer äußerst wichtig, daß die scheinbar selbstverständlichen Regeln des vernünftigen miteinander Redens herausgearbeitet wurden. Raupach-Strey führt diese an anderer Stelle wie folgt aus:
- »Offen-Sein gegenüber anderen TeilnehmerInnen, genau zuhören und möglichst lückenlos aufzufassen suchen

- eigene Gedanken mitteilen, nicht eine passive Zuschauer-Rolle des Gesprächs einnehmen [...]
- auf die Authentizität der Äußerungen achten, besonders dem/der BeispielgeberIn nichts einreden
- jeden zu Wort kommen lassen (im Gesamtverlauf des Gesprächs, nicht unbedingt innerhalb kleinerer Zeitphasen), aber niemanden nötigen
- das Gespräch ausschöpfen: früher Gesagtes ausnutzen« (Raupach-Strey 1997, S.157f.)

Anschließend habe ich diese allzu selbstverständlichen Regelanforderungen mit der Erfahrung der SchülerInnen in tatsächlichen Unterrichtsgesprächen vergleichen lassen. Ich wurde in meiner keineswegs überraschungsoffenen Unterrichtsgestaltung dieser Phase insofern nie enttäuscht, als die SchülerInnen immer mit voller Überzeugung zu dem von mir »geplanten« Schluß kamen, daß die an das Miteinanderreden im Sokratischen Gespräch gestellten Anforderungen im schulischen Alltag fast nie konsequent eingelöst würden.

Bei der Durchführung der Gespräche ergab sich folgende Regelung als prinzipiell sinnvolle Organisationsform:
Von den drei Wochenstunden Philosophieunterricht konnten jeweils die Doppelstunden dem eigentlichen Gespräch, die Einzelstunde dem Metagespräch gewidmet werden. Dieses Metagespräch, welches von Heckmann in die Nelsonsche Methode integriert wurde, dient als »wichtiges Instrument zum Fruchtbarmachen der Gespräche«. In diesem »Gespräch über das Sachgespräch« soll »jedes Unbehagen [...] artikuliert werden«, aber auch »Freude über ein gut gelungenes Gespräch« (Heckmann 1981, S.9) geäußert werden. Als weitere Möglichkeit kann es zu einem Strategiegespräch über das weitere Vorgehen kommen. Leider ergab es sich im schulischen Alltag, daß die Regelung wegen Stundenausfall, Klausurterminen, Feiertagen etc. nicht in konsequenter Weise durchgehalten werden konnte. Dieser Umstand hat immer wieder eine Beeinträchtigung für die Gespräche dargestellt, die ich jedoch nicht in jedem Fall explizit erörtern möchte, da auch jeder andere (»normale«) Unterricht davon betroffen wird, auch wenn das Sokratische Gespräch durch sie in besonderer Weise getroffen werden kann (siehe 3. Sokratisches Schulgespräch).

Das zu erörternde Thema habe ich von den SchülerInnen bestimmen lassen, wobei ich einerseits auf die Eignung der Fragestellung für ein

Sokratisches Gespräch geachtet habe, andererseits die grobe Einbindung in curriculare Vorgaben eingefordert habe. Zur Eignung der Fragestellung gibt Heckmann klare Auskunft: »Im Sokratischen Gespräch arbeiten wir nur mit dem Instrument des Reflektierens über Erfahrungen, die allen Gesprächsteilnehmern zur Verfügung stehen. Fragen, deren Beantwortung anderer Instrumente bedarf, scheiden also aus.

Solche Instrumente sind: 1. Experiment bzw. Beobachtung oder Messung in der Natur oder im Laboratorium. 2. empirische Erhebungen, wie sie in den Sozialwissenschaften üblich sind. 3. historische Studien, 4. die psychoanalytische Methode zur Aufdeckung der individuellen seelischen Problematik eines Menschen.

Soviel ich sehe, können alle Fragen, zu deren Beantwortung keines dieser vier Instrumente erforderlich ist, im Sokratischen Gespräch fruchtbar angegriffen werden. Das sind die Bereiche Mathematik und Philosophie – Philosophie im weitesten Sinne, einschließlich Wissenschaftstheorie, einschließlich der Grundfragen von Politik und Erziehung, einschließlich der Fragen zur Struktur unserer inneren Erfahrung.« (Heckmann 1981, S. 8)

Zur Frage der curricularen Vorgaben stellen die alten Richtlinien den Lehrer vor die günstige Situation, daß 11/I unter dem Schwerpunkt »Einführung in die Philosophie« steht und explizit darauf verwiesen wird, »daß eine Einführung in die Philosophie stofflich und methodisch auf sehr unterschiedliche Weise erfolgen kann.« (Der Kultusminister 1981, S. 32ff.) Dies eröffnet natürlich große Freiräume. Ich stimme auch Barbara Neißer nicht uneingeschränkt zu, daß »Sokratische Unterrichtsphasen [...] nicht zu Beginn der Jahrgangstufe 11 durchgeführt werden« (Neißer 1997, S. 93) sollten, da zum einen das von ihr bemängelte sich »untereinander kennen« genauso wie die »Einübung in philosophisches Fragen« gerade durch ein Sokratisches Gespräch befördert werden können. Bei den konkret geschilderten Sokratischen Schulgesprächen erschien es mir allerdings auch manchmal sinnvoll, sie auf 11/II zu verlagern. Für dieses Kurshalbjahr sehen die Richtlinien die »Probleme der Bestimmung des Menschen« vor. Dies ist zwar schon ein inhaltlich konkret bestimmter Rahmen, aber die erfolgte Themenwahl der SchülerInnen konnte unter dem Aspekt »Der Mensch als nach Sinn fragendes [...] und zur Transzendenz offenes Wesen« (Der Kultusminister 1981, S. 32) durchaus untergebracht werden.

Interessanterweise wurde in den drei hier von mir reflektierten Gesprächen der Philosophiekurse aus den jeweiligen Jahrgangsstufen 11 der Schuljahre 1989/90, 1991/92 und 1995/96 immer die nahezu gleiche Thematik per Mehrheitsentscheid im Kurs ausgewählt:
– 1989/90: *Warum haben wir/haben wir keine Angst vor dem Tod?*
– 1991/92: *Was bedeuten Tod und Sterben für mein Leben?*
– 1995/96: *Worin liegt der Sinn des Todes für unser Leben?*

Dieselbe Thematik wurde aktuell im laufenden Schuljahr 1997/98 auch von einem Kurs »Praktische Philosophie« im 10. Schuljahr gewählt, so daß mir der Schluß legitim scheint, diese Thematik ist in der entsprechenden Altersphase – wahrscheinlich auch wegen der gesellschaftlichen Verdrängung der Problematik – allgemein von Interesse.

### Erstes Sokratisches Schulgespräch: »Warum haben wir / haben wir keine Angst vor dem Tod?«

Bei meinem ersten Gesprächsversuch im Schuljahr 1989/90 wurden nach der Einführungsrunde zu Voreinstellungen bzw. Vormeinungen zur gewählten Frage methodisch zwingend Erfahrungsbeispiele der KursteilnehmerInnen gehört, denn »Ausgangspunkt des Gesprächs ist die (eigene) *Erfahrung*: 'Fuß fassen im Konkreten'« (Raupach-Strey 1997, S. 149) ist der unverzichtbare Grundsatz, damit das Gespräch die gewünschte Qualität von hoher Relevanz für alle TeilnehmerInnen erhält. Damals habe ich mir in meinen Reflexionen nach der ersten Doppelstunde wörtlich vermerkt:
»Bei den Erlebnisschilderungen verschwand die im Unterricht sonst übliche 'Unruhe' von selbst. Es entstand
– enorme Ruhe (keine Störungen),
– hohe Aufmerksamkeit,
– teilweise hohe Authentizität der SchülerInnen,
– Ansätze bzw. teilweise das Bedürfnis, auf die Aussagen anderer einzugehen und
– Wortmeldungen über das Klingeln (zum Stundenende) hinaus.«
Zudem hatten sich in dieser Doppelstunde *alle* 13 KursteilnehmerInnen ernsthaft und entsprechend »qualifiziert« zum Thema geäußert.

Im weiteren Verlauf dieses Gesprächs kam es zu einem interessanten ernsthaft und tiefgehend geführten Austausch über die Vorstellungen der SchülerInnen zum Begriff »Seele«. Methodisch konstitutiv ist zwar als »Gesprächsziel [...] eine Wahrheitserkenntnis bzw. eine Problemlösung; sie dokumentiert sich in einem Konsens aller am Gespräch Beteiligten, der auf eigener Einsicht und Zustimmung beruht.« (Raupach-Strey 1997, S. 149) Aber auch wenn der Gesprächsabschnitt mit dieser Thematik ohne Auffinden eines Konsenses wieder verlassen wurde, so lag seine besondere Bedeutung bei der konkreten Teilnehmerschaft darin, daß fünf recht überzeugte MuslimInnen, ein offensiver Vertreter des Atheismus und ansonsten eher agnostisch eingestellte SchülerInnen zu dieser Thematik überhaupt in einen ernst gemeinten und m. E. wichtigen Gedankenaustausch kamen. Allerdings darf ich an der Stelle nicht verschweigen, daß sich zum Ende des aufgrund der ungemein stark divergierenden Auffassungen anstrengenden Austauschs wieder eine geringe Unruhe bzw. leichte Konzentrationsmängel bei einzelnen SchülerInnen einstellten, wenn auch deutlich weniger als in meinem zuvor erteilten Philosophieunterricht in dieser Gruppe. Im Metagespräch zu den entsprechenden Sitzungen zeigten die KursteilnehmerInnen ein sehr sensibles Gespür für Gesprächsstörungen. Es wurden Ansätze der Interpretation (»Du meinst sicher...«) oder mangelndes Verständnisinteresse gegenüber dem Gesprächspartner (»Ich hab' zwar nicht verstanden, wie Du das meinst, aber ich finde...«) von den SchülerInnen wechselseitig kritisiert.

Im Verlauf des inhaltlich nur begrenzt ertragreichen Gesprächs blieb das dennoch vergleichsweise gute Gesprächsverhalten der Gruppe immer in der Wahrnehmung der KursteilnehmerInnen: So wurden die Tatsachen, daß alle zu Wort kamen, (auch ansonsten sehr zurückhaltende, sei es desinteressierte oder einfach stille SchülerInnen) und daß unterschiedliche Standpunkte der einzelnen sehr gut geklärt wurden, im Metagespräch immer wieder hervorgehoben. Dies ist wohl die positive Konsequenz daraus, »daß das Sokratische Gespräch, wesentlich mehr als andere Gesprächsformen, allgemein menschliche Grunderfahrungen ernst nimmt.« (Mostert 1997, S. 62) Allerdings wurde das Thema als »zu schwierig« eingeschätzt und der daher nur in geringem Umfang erreichte Konsens als wenig befriedigend erlebt. Mit Zustimmung aller Beteiligten konnten lediglich folgende vier Sätze als Gesprächskonsens an der Tafel festgehalten werden:

- Tod ist eine Veränderung unseres bestehenden Zustandes.
- Wenn man weiß, daß man bald stirbt, verändert das das menschliche Leben.
- Wenn man weiß, daß man bald stirbt, verändert das das Denken im Leben.
- Tod bedeutet das Ende unseres jetzigen persönlichen Lebens auf der Erde.

Diese vier fast banal erscheinenden Sätze spiegeln in meinen Augen aber – wie oben bereits z. T. begründet – keineswegs die Qualität der tatsächlich erreichten Reflexionen zum Thema wieder.

Nicht zuletzt aus organisatorischen Gründen (Krankheit und Fehlen von KursteilnehmerInnen) wurde das Gespräch von uns nach knapp drei Wochen abgebrochen.

»Aber viele erlahmen und werden überdrüssig, wenn ihre Kenntnisse verschmäht werden, wenn die ersten selbständigen Schritte sie nicht vorwärts bringen«, weiß schon Nelson mit Blick auf die platonischen Dialoge des Sokrates zu berichten. Dennoch, der »philosophische Lehrer, der nicht den Mut hat, seine Schüler vor diese Probe der Verwirrung und Entmutigung zu stellen, beraubt sie nicht nur der Fähigkeit, die Widerstandskraft auszubilden, deren der Forscher bedarf, er täuscht sie über ihr eigenes Können und macht sie unehrlich gegen sich selbst.« (Nelson 1987, S. 25f.)

Für den verantwortlich unterrichtenden Lehrer aber stellt sich die Frage bzw. Aufgabe: Wie kann ich die Fragestellung für ein geplantes Sokratisches Gespräch trotz Beteiligung der SchülerInnen bei der Themenfindung so gestalten, daß eine gute Aussicht auf erfolgreiche Konsensfindung in dem Ausmaß besteht, daß keine allzu große Entmutigung zu befürchten ist? Vielleicht war mit der Kombination von Angst und Tod eine »Anhäufung von komplexen Begriffen« (Kessels 1997, S.25) in die Fragestellung aufgenommen worden, die über die »Seele«-Problematik im Gespräch noch derart gesteigert wurde, daß die Gesprächsarbeit überfrachtet und damit nicht zur konsensorientierten Bearbeitung unter den gegebenen Bedingungen geeignet war.

## Zweites Sokratisches Schulgespräch: »Was bedeuten Tod und Sterben für mein Leben?«

In meinem zweiten Gesprächsversuch aus dem Schuljahr 1991/92 waren die Ausgangsvoraussetzungen ungünstiger als beim ersten. So war der Kurs größer und bestand aus 19 SchülerInnen, eigentlich schon zu vielen für ein solches Gesprächsvorhaben. Bei den von der Philosophisch-Politischen Akademie veranstalteten Gesprächswochen liegt die Gruppenstärke idealerweise bei 8–12 TeilnehmerInnen; in der Schule, wo es sich in der Regel um eingespielte Unterrichtsgruppen handelt, halte ich je nach konkreter Gruppendynamik Gruppen von bis zu 15 SchülerInnen für gut geeignet für einen sokratisch intensiven Gesprächsprozeß. daß im konkreten Fall der Anteil von SchülerInnen ausländischer Herkunft bei fast zwei Dritteln lag, führte diesmal trotz äußerst unterschiedlicher kultureller und religiöser Hintergründe der größtenteils muslimischen türkischen, aber auch deutschen, griechischen und portugiesischen SchülerInnen im Gesprächsverlauf zu keinerlei Problemen.

So begann das Gespräch ähnlich dem oben beschriebenen. Bei den Erfahrungsbeispielen kam es z. T. zu noch mehr von persönlicher Betroffenheit getragenen Geschichten, was die enorme Offenheit der SchülerInnen in diesem Gespräch zeigt. Allerdings erzeugte diese Beobachtung bei mir auch Befürchtungen, zumal einzelne SchülerInnen in meinen Augen an ein oder zwei Stellen unangemessen mit (peinlichem?) Kichern oder Witzen reagiert hatten. Das Metagespräch in der Gruppe zeigte dagegen bei den SchülerInnen die Wahrnehmung von großer Ruhe und Nachdenklichkeit in der gesamten Gruppe. Die SchülerInnen äußerten, daß fast jeder an der Thematik wirklich persönlich interessiert sei, daß die erste Sitzung über den Unterricht hinaus nachgewirkt und eigene Reflexionen bei vielen bewirkt habe. Bemängelt wurde lediglich, daß nicht genügend Raum für eigene Beiträge des einzelnen geblieben sei (19 TeilnehmerInnen!). Abwehrend gegenüber der Thematik äußerte sich nur ein Schüler. (»Mit 80 Jahren werde ich mir darüber Gedanken machen.«) Die hier beschriebene Offenheit, innere Beteiligung und inhaltliche Interessiertheit fast aller TeilnehmerInnen kann man natürlich nicht von der Thematik trennen. Dennoch bin ich der festen Überzeugung, daß das gleiche Thema bei den gleichen SchülerInnen aber anderer Vorgehensweise nicht so stark zu einem Unterrichtsgespräch geführt hätte, welches in dem Maße als echtes Gespräch der SchülerInnen empfunden worden wäre.

Im weiteren Verlauf des Gesprächs gab es dann Phasen, die durch »die schon bei Sokrates berühmte Verwirrung« (Nelson 1987, S. 25) zu Frustrationen und Unzufriedenheiten mit dem inhaltlichen Verlauf bei den SchülerInnen führten, d. h., es schien ihnen phasenweise ein Konsens nicht in Aussicht zu stehen, was entmutigend auf einzelne wirkte. Auch kam es durch die große Gruppe bei einzelnen SchülerInnen zu einer Art »Zuschauereffekt«, welcher die Intensität des Gesprächs minderte. Auf der anderen Seite wurden über den gesamten Gesprächsverlauf immer wieder die ungewöhnliche Ruhe, das Zuhören und das ernsthafte Mitdenken und Nachempfinden von den SchülerInnen gelobt. »So redet man sonst nicht miteinander, schon gar nicht in der Schule«, war eine bezeichnende SchülerInnenäußerung.

Eine hohe inhaltliche »Ergiebigkeit« des Gesprächs ergab sich im Rückblick durch die recht stringente Struktur, in welcher die SchülerInnen durch das gewählte Erfahrungsbeispiel zunächst eine starke Betroffenheit in der Konfrontation mit »Tod« als Teil ihres Lebens nacherlebten, daraufhin durch die Suche nach den Ursachen für diese Betroffenheit über ihre eigene Lebenswahrnehmung und Lebensplanung nachzudenken begannen und hierdurch – nach der oben angedeuteten Frustrationsphase – zu den im Konsens festgehaltenen Gedanken kamen:
– Das menschliche Leben besteht aus Zielen.
– Der Tod ist der Schlußpunkt dieses Lebens. Daher entbindet mich mein Tod von allen irdischen Aufgaben.
– Der Tod beendet die Möglichkeit, neue Ziele in diesem Leben zu erreichen oder alte Ziele zu beenden.
– Der Tod beendet die Möglichkeit, Ziele zu setzen.

Ich denke, daß die festgehaltenen Sätze durchaus anerkannten philosophischen Positionen zuzuordnen sind, daß sie ein anspruchsvolles gedankliches Niveau aufweisen und auch für sich gesehen die geübte Konsequenz in dem Bemühen, »*durch gemeinsames Erwägen von Gründen der Wahrheit in einer Frage näherzukommen*« (Heckmann 1981, S.7) deutlich widerspiegeln.

# Drittes Sokratisches Schulgespräch: »Worin liegt der Sinn des Todes für unser Leben?«

Mein dritter Sokratischer Gesprächsversuch aus dem Schuljahr 1995/ 96 ähnelte von den Voraussetzungen her dem zweiten. Der Kurs hatte in diesem Jahrgang 18 TeilnehmerInnen.

Problematisch in der Durchführung des Gesprächs zeigten sich allerdings in besonderem Maße die organisatorischen Rahmenbedingungen. So führte das Fehlen von mehreren SchülerInnen zu Brüchen im Gespräch. Es konnte das eigentlich gewählte Beispiel nicht sofort angegangen werden, weil die entsprechende Beispielgeberin schlicht fehlte. Nachdem notwendigerweise die Bearbeitung eines anderen Beispiels begonnen war, kam die Gruppe nach Gesundung der betreffenden Schülerin doch wieder auf das ursprünglich gewählte Beispiel zurück. Recht häufiger Stundenausfall durch Klausuren, Feiertage oder Exkursionen und organisatorischer Klärungsbedarf wegen der anstehenden Studienfahrt der Jahrgangsstufe, deren Beratungslehrer ich bin, erschwerten eine kontinuierliche Arbeit zusätzlich.

Folglich kam es inhaltlich und methodisch gesehen nicht zu der Stringenz, welche in dem oben beschriebenen Gespräch erreicht wurde. Durch diese Probleme entstand ein großer zeitlicher Abstand zwischen den einzelnen Sitzungen und damit die Schwierigkeit, überhaupt konsequent an einem Gedankengang weiterzuarbeiten.

So habe ich mich, um aus der etwas verfahren erscheinenden Situation einen Nutzen für den Gesprächsverlauf zu ziehen, methodenüblicher Leitungseingriffe in abgewandelter Form bedient. Abgeleitet aus der von Heckmann verwandten Technik des »Protokollschreibens«, welches bei ihm der Vertiefung des »Miteinanderdenken im Gespräch« diente, habe ich die SchülerInnen ebenfalls zu Hause »weiterdenken« lassen. »Denn während beim Gespräch jeder Teilnehmer sich immer wieder den Gedanken der anderen zuwenden muß, kann er beim Protokollschreiben hinterher den eigenen Gedanken ungestört folgen und dem im Gespräch Vorgebrachten in kritischer Distanz gegenübertreten.« (Heckmann 1981, S. 8) Konkret habe ich die SchülerInnen – anstelle des Protokollschreibens – als »Hausaufgabe« aus den an der Tafel festgehaltenen Sätzen solche auswählen lassen, welche sie beim derzeitigen Stand des Gesprächs für konsensfähig hielten. Diese ausgewählten Sätze haben die SchülerInnen dann

gemeinsam in inhaltliche Bereiche eingeteilt und sind diese Bereiche nacheinander durchgegangen, um die tatsächliche Konsensfähigkeit im gemeinsamen Gespräch zu überprüfen. Durch diese formale und inhaltliche Strukturierung kamen wir zu einer relativ großen Zahl von Konsenssätzen (nicht unbedingt methodentypische Ergebnisorientierung!), und es wurde trotz zeitlicher Unterbrechungen eine Wiederaufnahme der inhaltlichen Auseinandersetzung prinzipiell ermöglicht. Allerdings muß ich eingestehen, daß Brüche inhaltlicher Art nicht vermieden werden konnten. Die festgehaltenen Konsenssätze lauteten:
– Wir können grundsätzlich kein sicheres Wissen haben, was uns nach unserem Leben erwartet.
– Wenn man lebt, kann man darüber nachdenken, was einen nach dem Leben erwartet.
– Jeder blickt dem Tod ins Auge, man kann ihn nur schlecht erkennen, weil der Schleier des Lebens dazwischen steht.
– Erst wenn man mit dem Tod konfrontiert wird, kann Angst vor dem Tod entstehen.
– Die Angst entsteht aus eigenen Gefühlen, die von außen ausgelöst werden können.
– Der Tod eines geliebten Menschen löst Trauer und Angst davor aus, auch andere geliebte Menschen zu verlieren.
– Wenn Menschen nicht sterben würden, wäre die Welt überbevölkert.
– Ohne das Leben kann der Tod nicht existieren.
– Ohne den Tod kann das Leben nicht exisitieren.
Die Sätze spiegeln die Vielfalt der angesprochenen Denkperspektiven wider, wobei die Quantität an dieser Stelle sicher nicht der gedanklichen Qualität und Intensität bei der Erarbeitung der Konsenssätze aus dem zuvor beschriebenen Gespräch entsprechen.

Abgeschlossen wurde das Gespräch durch einen Rückbezug auf den einleitend verwandten Text über das Sokratische Gespräch (Heckmann 1988). Diese Reflexion des »Unterrichts« anhand der von Heckmann und Krohn dargestellten Kriterien des Sokratischen Gesprächs führte zu einer Gegenüberstellung gelungener und weniger gelungener Aspekte. Aber auch wenn Mängel im Miteinanderreden, in der Offenheit und Ehrlichkeit der Beiträge und im hundertprozentigen Ernstnehmen der Gesprächspartner konstatiert wurden, so war doch überwiegender Wunsch im Kurs, den Versuch eines solchen Sokratischen Gesprächs im Philosophieunterricht noch einmal wagen zu wollen. »*Denken macht Lust, Lust auf Mehr-Denken.*« (Raupach-Strey 1989, S. 16f.). Diese Erfahrung mit Sokratischen Gesprächen scheint auch in der Schule nicht ihre Wahrheit zu verlieren.

## Grundlagen einer Bewertung

Aus den geschilderten Sokratischen Gesprächsversuchen im Oberstufenunterricht des Faches Philosophie geht sicherlich Unterschiedliches hervor.

– Zum einen zeigt sich, daß das Sokratische Gespräch als überraschungsoffenes Unterrichtsmodell gerade in bezug auf die Inhaltsebene tatsächlich voller Überraschungen steckt. Weder quantitativ, noch qualitativ, noch in bezug auf die angesprochenen Themenaspekte ist im vorhinein sicherzustellen, was eigentlich im Unterricht geschehen wird. Auf die von mir durchgeführten Gespräche bezogen war das erste auf den hier möglichen flüchtigen Blick hin inhaltlich relativ wenig ergiebig, das zweite dagegen bei stringenter Arbeitsweise in bezug auf einen Themenaspekt von beachtlicher Tiefe, das dritte bei beachtenswerter Aspektenvielfalt vielleicht nicht so tiefgehend und stringent in bezug auf Gesprächsführung und Konsensfindung.

– Zum anderen ergab sich in allen Kursgruppen trotz zugestandener Unvollkommenheit der tatsächlich geführten Gespräche die sehr positive Erfahrung eines anderen und besseren Gesprächsumgangs miteinander. Selbst die von Schülern geäußerte Kritik des Nichterreichens der vom Sokratischen Gespräch angestrebten Kommunikationsideale zeigte mir deutlich, daß hier etwas gelernt wurde, was eindeutig als eine Erhöhung der Kompetenz von Kommunikationswahrnehmung und ansatzweise auch als Kommunikationsfähigkeit selbst gedeutet werden kann. Ich habe in neuerer Zeit sogar einmal mit Erfolg ein Sokratisches Gespräch im Unterricht eingesetzt, um die Kommunikation in einer schwierigen Gruppe zu verbessern. Von daher bin ich mir auch unsicher, ob »eine spannungsgeladene und durch dominante Opinionleader bestimmte gruppendynamische Situation im Kurs [...] eine schlechte bzw. ungeeignete Ausgangsbedingung für ein Sokratisches Gespräch« (Neißer 1997, S. 101) sein muß, oder ob nicht gerade solche Mißstände im Sokratischen Gespräch mit bearbeitet werden können. Diese sicher nur wenig verallgemeinerbaren Beobachtungen zu eigenen Unterrichtserfahrungen eines einzigen Philosophielehrers in drei Philosophiekursen der Jahrgangstufe 11 einer nordrhein-westfälischen Gesamtschule können natürlich kaum als Grundlage einer empirisch fundierten Bewertung der Eignung des Sokratischen Gesprächs für den Philosophieunterricht an der gymnasialen Oberstufe gelten. Dafür lädt die Ungesichertheit des Gesagten aber geradezu ein, Ansatzpunkte und Grundlagen für weitere Betrachtungen und Untersuchungen im Bereich der zur Diskussion stehenden Frage zu erarbeiten. Vielleicht bieten sich in diesem Bemühen die folgenden Grundüberlegungen an:

I) Die Arbeit an der Sache steht über den gruppendynamischen Prozessen:
Das Sokratische Gespräch will nach seinem essentiellen Selbstverständnis »der Wahrheit in einer Frage« (Heckmann 1981, S. 7) näherkommen und nutzt, d. h. instrumentalisiert dazu das gemeinsame Gespräch. Hierbei ist der »Wahrheitsbegriff« seit Heckmann als ein vorläufiger, immer der Revidierung offenstehender zu verstehen. »Ein Gespräch ist sokratisch, wenn es dem einzelnen Teilnehmer dazu verhilft, den Weg vom konkret Erfahrenen zur allgemeinen Einsicht selber zu gehen.« (Heckmann 1981, S. 66) Somit muß das Sokratische Gespräch zunächst einmal von dieser Seite aus, d. h. in seiner Funktion als Hilfsmittel zu individuell eigener und gleichzeitig in der Gruppe kollektiver Wahrheitsfindung in der Sache bewertet werden. Auch das von Heckmann eingeführte »Metagespräch« ist »ein wichtiges Instrument zur Fruchtbarmachung der Gespräche« (Heckmann 1981, S. 9). Auf keinen Fall darf man folglich bei der Bewertung und Überprüfung des Sokratischen Gesprächs in der Tradition Nelson-Heckmanns den Aspekt der psychischen und emotionalen Befindlichkeit der Teilnehmer isoliert betrachten und dadurch überbewerten. So dürfte z. B. die von mir in der ersten Reflexion geschilderte Beobachtung aus dem ersten Sokratischen Unterrichtsgespräch der stark positiv veränderten Gesprächsatmosphäre für sich allein

genommen noch keine hinreichende Grundlage zur Behauptung eines gelungenen Sokratischen Gesprächs sein. Während dies bei anderen Gesprächsmethoden wie denen von Carl Rogers (1984), Ruth Cohn (1986), Thomas Gordon (1989) oder Schwäbisch und Siems (1974) vielleicht angemessen wäre, würde es den spezifischen Gehalt der Sokratischen Gesprächstradition eher verdekken. Im Vordergrund einer systematischeren Betrachtung müßte folglich die inhaltliche Seite stehen, egal, welchen genauen Wahrheitsbegriff man hier zugrunde legen will (siehe hierzu: Draken 8/1989) und ungeachtet dessen, wie schwierig es bei diesem überraschungsoffenen Modell erscheinen mag, einen angemessenen Vergleichsmaßstab zu finden. An zweiter Stelle muß dann sicherlich auch der Erwerb und die Anwendung von kommunikativen Kompetenzen der Teilnehmer, sprich SchülerInnen, gesehen werden, welcher den inhaltlichen Fortschritt in der Sache möglich macht. Boele nennt hier als »'Tugenden' des Sokratischen Gesprächs [...] Ausdauer, Geduld, die Fähigkeit, zuzuhören, Vertrauen auf die eigenen Zweifel, Bereitschaft, seine Meinung zu ändern und Intuitionen auszusprechen. Zuletzt wird auch die Übung in diesen Tugenden durch ein Sokatisches Gespräch erwartet.« (Boele 1997, S. 69)

II) Der gedankliche Prozeß ist wesentlicher als das reine »Ergebnis«: Will man das Sokratische Gespräch mit anderem Unterricht vergleichen, so darf man desweiteren den Aspekt des »Selbstdenkens« der SchülerInnen nicht vernachlässigen. »Soll es also überhaupt so etwas wie philosophischen Unterricht geben, so kann es nur Unterricht im Selbstdenken sein, genauer: in der selbständigen Kunst des Abstrahierens.« (Nelson 1987, S. 14) Nun berichtet Boele: »Meistens wird das inhaltliche Ergebnis nicht als das wichtigste genannt, wenn ein Gespräch evaluiert wird. Für gewöhnlich kommt nicht etwas überraschend Neues heraus – etwas, worüber man seinen Freunden großspurig erzählen kann.« (Boele 1997, S. 63) Wenig Sinn zur Legitimierung des unterrichtlichen Einsatzes des Sokratischen Gesprächs macht daher die Beurteilung der inhaltlichen Ergiebigkeit nach den zum Konsens geführten Sätzen z. B. im Vergleich mit über Textarbeit in gleicher Zeit vermittelbaren Sätzen, da hierdurch nur die Uneffektivität des

Sokratischen Gesprächs zu konstatieren oder der relativ große
Zeitaufwand als nicht vertretbarer »Luxus« abzutun wäre. Wenn
man also bei dem zweiten Sokratischen Schulgespräch die zum
Konsens geführten Sätze mit den entsprechenden Darlegungen
aus einem Philosophiebuch vergleichen würde, so würde dieser
Vergleich nicht greifen. »Das Sokratische Gespräch ist ein Verfahren, welches dazu beiträgt, aus Erfahrungen strukturiert und zielgerichtet zu lernen.« (Boele 1997, S. 64) Zur Beurteilung des
Grades an »Selbstdenken« in der Gruppe wäre folglich eine sehr
genaue Analyse von weiteren Gesprächspassagen notwendig, die
in meinem Fall schon aufgrund der nicht detailliert genug fixierten
Gesprächsverläufe unmöglich war. Daher liegt m. E. auch hier ein
wichtiges Untersuchungsfeld für weitere Betrachtungen zum Sokratischen Gespräch, in welchen man genauer analysieren müßte,
von welchen gedanklichen Ausgangspunkten kommend die einzelnen Teilnehmer und dadurch die sokratisch arbeitende Gruppe
durch welche gedanklichen Wege zu welchen gedanklichen Fortschritten gelangen.

III) Das »Selbstvertrauen der Vernunft« (Nelson 1970, S. 31f.) ist
Voraussetzung und Lernziel:
In bezug auf die Bewertung der Gesprächsergebnisse müßte auch
die im Konsens angestrebte Identifikation der Gruppe mit ihren
Sätzen überprüft werden. Bei den von mir durchgeführten Gesprächen in der Schule kam es z. T. zu Frustrationen der TeilnehmerInnen, da Gesprächsergebnisse nicht immer als befriedigender
Ertrag der gemeinsamen Arbeit erlebt wurden (siehe erstes Sokratisches Schulgespräch). Hier müßte genauer hingesehen werden,
inwieweit selbstgefundene Ergebnisse durch das »*Selbstvertrauen
der Vernunft*« und das eigene »*Vertrauen in die Kraft des menschlichen Geistes, die philosophische Wahrheit zu erkennen*« (Nelson
1987, S.19) auch als solche von der Gruppe wie auch dem einzelnen positiv angenommen werden, oder ob das Sokratische Gespräch die Gefahr von Frustrationen und die Ablehnung des rationalen Diskurses als solchem riskiert. Boele formuliert: »Wenn wir
uns unsere Werte und Normen nicht von anderen diktieren lassen
wollen, dann ist meiner Ansicht nach die einzige Alternative, aus
unserer eigenen Erfahrung zu lernen, wozu das Sokratische Ge-

spräch eine ausgezeichnete Gelegenheit bietet.« (Boele 1997, S. 68f.) Dies, begleitet von der »Entdeckung [...], daß es sich als möglich erweist, gemeinsam nachzudenken« (ebenda, S. 64), an durchgeführten Gesprächen belegen zu können, wäre ein entscheidendes Kriterium zur Befürwortung und Forderung des unterrichtlichen Einsatzes von Sokratischen Gesprächen in der Schule.

IV) Das Sokratische Gespräch kann im Kontext der Schule nicht Selbstzweck sein:
Als letztes hier von mir aufgeführtes Element der Beobachtung wäre sicher die gewonnene Einsicht der GesprächsteilnehmerInnen in der Art zu messen, inwieweit das Gespräch sie in die Lage versetzt hat, z. B. mit dem behandelten Thema selbständig denkend weiter umzugehen. Hierzu reichte es sicher nicht aus, einen »Test« zu schreiben, denn die hohe Effektivität des Auswendiglernens auch von Unverstandenem ist jedem reflektiert bewertenden Lehrer bekannt. Zu diesem Zweck wären andere Lehrmethoden mit vielen »Merksätzen« und ähnlich handhabbaren Ergebnissen für die Schüler entsprechend effektiver. Eine von den TeilnehmerInnen eigenständig durchgeführte Erörterung könnte schon eher dokumentieren, ob und wieweit tatsächlich eigenes Denken und eigene Überzeugung durch die Auseinandersetzung in der Gruppe erarbeitet wurden. Vielleicht könnte man an das Gespräch anschließend, wie von mir im Unterricht immer vorgenommen, die Auseinandersetzung mit weiterführender Literatur quasi als externem Dialogpartner. Vielleicht könnte man bei dieser nicht in Form des strengen Sokratischen Gesprächs nach Nelson und Heckmann durchgeführten Auseinandersetzung mit dem Thema sozusagen die Spuren eines erfolgreichen Gesprächs erkennen. »Der Vortrag des Lehrers, der, wie Fries verlangt, in einer 'nach feinen Abstraktionen gebildeten Sprache' erfolgen soll, verhüllt aber, gerade vermöge seiner Sicherheit und Reinheit, die Schwierigkeiten, die der Bildung solcher Geistesklarheit und Wortschärfe im Wege stehen, und bringt es mit sich, daß letzten Endes nur der schon sokratisch Gebildete den philosophischen Gehalt und die Festigkeit und Selbständigkeit der Darstellung sich zu eigen machen wird.« (Nelson 1987, S. 34) Zu dieser Art von

möglichem Lernerfolg konnte ich in meinen Darlegungen nichts Konkretes aussagen, obwohl ich in den meisten Fällen durchaus einen entsprechenden Eindruck hatte. Aber sicher läge auch hier ein Ansatzpunkt für weitere Betrachtungen, die vielleicht die Chance böten, einen weiterzielenden Effekt des Sokratischen Gesprächs für die Schule nachzuweisen.

Die so von mir beschriebenen vier Aspekte der Reflexion des Sokratischen Gesprächs in der Schule erscheinen mir zentral und wesentlich für die Bewertung seines Nutzens zu sein, auch wenn sie keinerlei Anspruch auf Vollständigkeit erheben. Sie konnten durch meine Ausführungen – wie dargelegt – nicht ausreichend erfüllt und belegt werden. Auch sind mir keine wissenschaftlichen Untersuchungen zum schulischen Philosophieunterricht bekannt, die dies derzeit erfüllen könnten. Daher erscheint mir hier vor dem Hintergrund des potentiellen »Experimentierfeldes« in unseren heutigen Schulen eine sinnvolle Aufgabe für die weitere Betrachtung des Sokratischen Gesprächs als »provozierendem didaktischen Modell« für schulischen Unterricht heute zu liegen.

Literatur

– *Bildungskommission NRW*: Zukunft der Bildung – Schule der Zukunft: Denkschrift der Kommission »Zukunft der Bildung – Schule der Zukunft« beim Ministerpräsidenten des Landes Nordrhein-Westfalen. Neuwied, Kriftel, Berlin: Luchterhand 1995
– *Dries Boele*: Der »Nutzen« des Sokratischen Gesprächs – Oder: Welche Ergebnisse können wir versprechen? In: Krohn/Neißer/Walter (Hrsg.): Neuere Aspekte des Sokratischen Gesprächs – »Sokratisches Philosophieren«, Schriftenreihe der Philosophisch-Politischen Akademie, Band IV. Frankfurt am Main: dipa-Verlag 1997, S. 63–70
– *Ruth C. Cohn*: Von der Psychoanalyse zur Themenzentrierten Interaktion – Von der Behandlung einzelner zu einer Pädagogik für alle. Stuttgart: Klett-Cotta 1986(7)
– *Klaus Draken*: Schulunterricht und das Sokratische Gespräch nach Leonard Nelson und Gustav Heckmann. In: Zeitschrift für Didaktik der Philosophie, Heft 1, Hannover: Schroedel 1989; S. 46–49
– *derselbe*: Das Sokratische Gespräch – mögliche Grundlage einer Didaktik der politischen Bildung? In: Philosophisch-Politische Akademie (Hrsg.): Rundbrief der Sokratiker Nr. 2, Selbstverlag 8/1989, S. 9–12

– *Holger Franke*: Leonard Nelson – Ein biographischer Beitrag unter besonderer Berücksichtigung seiner rechts- und staatsphilosophischen Arbeiten. Hamburg: Verlag an der Lottbek, 1991
– *Thomas Gordon*: Lehrer-Schüler-Konferenz – Wie man Konflikte in der Schule löst. München: Heyne, 1989
– *Gustav Heckmann*: Das Sokratische Gespräch. Hannover: Schroedel 1981
– Gustav Heckmann und *Dieter Krohn*: Über Sokratisches Gespräch und Sokratische Arbeitswochen. In: Zeitschrift für Didaktik der Philosophie, Heft 1, Hannover: Schroedel 1988
– *Georg Friedrich Wilhelm Hegel*: Über den Vortrag der Philosophie auf Gymnasien (1812). In: V.E. Mollenhauer & K.-M. Michel (Hrsg.): Georg Friedrich Hegel: Werke in 20 Bänden, Band 4. Nürnberger und Heidelberger Schriften. Frankfurt am Main: Suhrkamp 1970, S. 410–414
– *Detlef Horster*: Das Sokratische Gespräch in Theorie und Praxis. Opladen: Leske + Budrich 1994
– *Antje Kessler*: Erziehungswissenschaft als Alternative zu Praktischer Philosophie in NW? In: Ethik & Unterricht, Heft 3/97, Frankfurt/M.: Diesterweg 1997, S. 42ff.
– *Immanuel Kant*: Nachricht von der Einrichtung seiner Vorlesungen in dem Winterhalbjahr 1765–1766. In: Weischedel (Hrsg.): Immanuel Kant, Werke in 10 Bänden, Band 2. Darmstadt: Wissenschaftliche Buchgesellschaft 1975, S. 907–910
– *Jos Kessels*: Dialektik als Instrument für die Gestaltung einer selbständig arbeitenden Gruppe. In: Krohn/Neißer/Walter (Hrsg.): Neuere Aspekte des Sokratischen Gesprächs – »Sokratisches Philosophieren«, Schriftenreihe der Philosophisch-Politischen Akademie, Band IV., Frankfurt am Main: dipa-Verlag 1997, S. 11–46
– Der *Kultusminister des Landes Nordrhein-Westfalen* (Hrsg.): Richtlinien für die gymnasiale Oberstufe in Nordrhein-Westfalen – Philosophie. Köln: Greven Verlag 1981
– *Landesinstitut für Schule und Weiterbildung* (Hrsg.): Gymnasiale Oberstufe Philosophie – Lehrplanentwurf, Stand 10.10.1997. Soest 1997
– *Pieter Mostert*: Wann ist ein Sokratisches Gespräch angemessen? In: Krohn/Neißer/Walter (Hrsg.): Neuere Aspekte des Sokratischen Gesprächs – »Sokratisches Philosophieren«, Schriftenreihe der Philosophisch-Politischen Akademie, Band IV, Frankfurt am Main: dipa-Verlag 1997, S. 53–62
– *Barbara Neißer*: Das Sokratische Gespräch im Philosophieunterricht der Sekundarstufe II. In: Krohn/Neißer/Walter (Hrsg.): Neuere Aspekte des Sokratischen Gesprächs. »Sokratisches Philosophieren«, Schriftenreihe der Philosophisch-Politischen Akademie, Band IV. Frankfurt am Main: dipa-Verlag 1997, S. 88–101
– *Leonard Nelson*: Die kritische Methode und das Verhältnis der Psychologie zur Philosophie – Ein Kapitel aus der Methodenlehre. In: Leonard Nelson,

Gesammelte Schriften in IX Bänden, hrsg. v. Paul Bernays u.a., Hamburg: Felix Meiner Verlag 1970. Erster Band: Die Schule der kritischen Philosophie und ihre Methode, S. 9–78.

– *Leonard Nelson*: Die Sokratische Methode – mit einem Vorwort von Gisela Raupach-Strey, Kassel-Bettenhausen: Verlag Weber, Zucht & Co 1987 (auch enthalten in: Leonard Nelson 1970, S. 269–316)

– *Philosophisch-Politische Akademie & Gesellschaft für Sokratisches Philosophieren* (Hrsg.): Das Sokratische Gespräch. Bonn / Hannover – Selbstverlag, 1997

– *Gisela Raupach-Strey*: Vom Selbstvertrauen der Vernunft: Das Sokratische Gespräch. In: diesseits, Zeitschrift für Kultur, Politik und Freidenkertum, Heft 9, 1989, S. 16–17

– *dieselbe*: Grundregeln des Sokratischen Gesprächs. In: Krohn/Neißer/Walter (Hrsg.): Neuere Aspekte des Sokratischen Gesprächs. »Sokratisches Philosophieren«, Schriftenreihe der Philosophisch-Politischen Akademie, Band IV. Frankfurt am Main: dipa-Verlag 1997, S. 145–162

– *Carl R. Rogers*: Lernen in Freiheit – Zur Bildungsreform in Schule und Universität, München: Kösel 1984

– *Lutz Schwäbisch und Martin Siems*: Anleitung zum sozialem Lernen für Paare, Gruppen und Erzieher – Kommunikations- und Verhaltenstraining, Reinbek bei Hamburg: Rowohlt Taschenbuch Verlag 1974

Gisela Raupach-Strey

# Die Bedeutung der Sokratischen Methode für den Ethik-Unterricht

In absehbarer Zeit wird es voraussichtlich einen wie auch immer benannten und konzipierten »Ethik«-Unterricht flächendeckend in der gesamten Bundesrepublik geben: Während die neuen Bundesländer nach der politischen Wende 1989 zügig einschlägige Strukturen (Rahmenpläne, Studiengänge und Weiterbildungskurse für die Lehrerinnen und Lehrer) in Angriff genommen haben, tut man sich in den alten Bundesländern schwerer, das Odium des »Ersatzfaches« für Religion zu überwinden und dementsprechend eigene Strukturen zu etablieren. Als letzte haben 1994 Berlin (wo Religion bislang kein ordentliches Unterrichtsfach ist) und 1997 Nordrhein-Westfalen einen einschlägigen Schulversuch begonnen, der in Berlin »Ethik/Philosophie« und in NRW »Praktische Philosophie« heißt. Die Bezeichnungen, unter fachlichem Aspekt fragwürdig, sind Kompromissen geschuldet. Klare Vorstellungen und ein klarer politischer Willen werden erschwert durch den Kardinalfehler einer Definition ex negativo – in Abgrenzung vom Religionsunterricht. Der wissenschaftlichen wie der gesellschaftspolitischen Diskussion käme, so scheint mir, eine Besinnung auf die *positiven* Möglichkeiten eines sog.»Ethik«-Unterrichts zugute[1]; eine dieser Möglichkeiten liegt darin, die Fruchtbarkeit der Sokratischen Methode in der Nelson-Heckmann Tradition zu nutzen. Eine pädagogische Abstinenz in Orientierungsfragen dagegen würde der heutigen Schülergeneration nicht mehr gerecht: eine Alternative wird gebraucht. Denn es gibt in der gegenwärtigen, zunehmend säkularisierten Gesellschaft einen Mangel an seriösen Orientierungsangeboten und eine dementsprechend diffuse, sehr unterschiedliche Ausdrucksformen wählende Sinn-Suche. Das Haupt-Defizit (nicht nur der jungen Generation) scheint mir die fehlende Gesprächskultur selbst, die gerade in einer Großstadt wie Berlin oft nur noch in Nischen anzutreffen ist. Die des öfteren sich zeigende Widerständigkeit gegen einen Philosophie/Ethik-Unterricht verfehlt daher m. E. die gesellschaftspolitische Verantwortung und die pädagogische Aufgabe an der und für die Zukunft. Vor allem übersehen die Vorbehalte zumeist die Chancen einer Konzeption, das Unterrichtsfach Philosophie/Ethik auf der Grundlage einer recht verstandenen Philosophie nach wissenschaftlichen und didaktischen Standards zu entwickeln, die insbesondere sokratische Diskursivität als eine zentrale Perspektive einbezieht. Ethik-Unterricht könnte die Chance wahrnehmen, Dialogfähigkeit zu entwickeln, einzuüben und zu pflegen. Ein solches Alternativ-Konzept könnte sich als Angebot der öffentlichen Schule der Sache nach an alle Schülerinnen und Schüler richten. Allerdings sind neben den Chancen auch die Grenzen des Philosophie/Ethik-Unterrichts adäquat einzuschätzen; er darf nicht mit überhöhten Erwartungen überladen oder zum Alibi für gesellschaftlich zu lösende Probleme gemacht werden.

## Inwiefern die Sokratische Methode den *Zielen* des Philosophie / Ethik-Unterrichts entspricht

Philosophie ist keine Weltanschauung und somit auch kein Religions-Ersatz. Aufgabe des Ethik/Philosophie-Unterrichts ist die Auseinandersetzung mit grundlegenden Fragen des persönlichen Lebens ebenso wie des gemeinschaftlichen und öffentlichen Lebens. Aus der Beschäftigung mit Grundfragen des Denkens, Handelns und Seins Überzeugungen zu entwickeln, trägt zur notwendigen Persönlichkeits-Stabilisierung bei. Ein solches Überzeugungssystem – oder passender: »Überzeugungsnetz«, in dem sich viele Überzeugungs-»Knotenpunkte« auf elastische Weise verbinden – kann zwar nicht die absolute Sicherheit, die sich mancher vielleicht wünscht, jedoch eine Art »Operationsbasis« für die weitere Orientierung im Denken und Handeln bieten.

Erfahrungen zeigen, daß vieles vermeintlich oder wirklich Selbst-Verständliche nicht selbstverständlich ist oder erscheint; daher muß an der Verständigung gearbeitet werden. Der Fachunterricht alleine kann dies gemäß seinen Vorgaben und Strukturen nicht in ausreichendem Maße leisten oder bleibt zwangsläufig allzu leicht im Aktuellen und Situations-Reaktiven hängen. Die Texte der philosophischen Tradition können Anregung zum Nachdenken geben, jedoch mit der Zielsetzung, sich im Schulunterricht einzeln oder in der gemeinsamen Diskussion mit den Problemen auseinanderzusetzen. Vor allem in der Sekundarstufe I sind die Belange der Schülerinnen und Schüler zu beachten.

Bei diesem Ansatz ist es wichtig, daß *exemplarisch* Situationen, insbesondere Dilemma- und Konfliktsituationen gedanklich miteinander durchbuchstabiert werden, in denen sich die Jugendlichen *nicht* aktuell befinden, so daß sie sich handlungs*ent*lastet über Prinzipien des eigenen Handelns, über eigene und fremde Grundüberzeugungen und über Konfliktlösungsmöglichkeiten klar werden können. Genau diese Möglichkeit bieten Sokratische Gespräche, zum einen, weil sie mit Erfahrungsbeispielen arbeiten, zum anderen, weil sie nicht auf *direkte* Lebenshilfe oder -beratung abzielen, vielmehr mit einem gewissen Abstand zu aktuellen Handlungszwängen die grundsätzlichen Probleme ins Auge fassen. Die gedankliche Arbeit an Begriffen und Urteilen ist *indirekte* Orientierungshilfe und daher vor allem *prophylaktische* Arbeit: *Kriterien* des Nachdenkens, Urteilens und Entscheidens werden sozusagen als flexibler »Vorrat« entwickelt, um sie in eigenen Lebenssituationen – vielleicht viel später – als Ausgangsbasis zur Verfügung zu haben.

So zielt der Philosophie/Ethik-Unterricht auf Dispositionen: auf die Fähigkeit zu selbstbestimmtem Urteilen, zu Nachdenklichkeit und Sensibilität, auf Toleranz gegenüber fremden Überzeugungen, Dialog- und Friedensfähigkeit – Ziele also, die seit der Aufklärung in das allgemeine Wertebewußtsein eingegangen sind. Sie haben ihren Niederschlag gefunden im Grundgesetz und in den Schulgesetzen, aber es gilt, sie immer neu zu erarbeiten: in jeder Generation, in jeder Lebensphase, unter veränderten gesellschaftspolitischen Bedingungen. – Erfahrungsgemäß bieten Sokratische Gespräche einen Rahmen, in dem solche Erarbeitungs- und Aneignungsprozesse immer wieder stattfinden, sogar für Menschen unterschiedlichen Alters und unterschiedlichen Erfahrungshintergrundes.

Anzustrebende Fähigkeiten des Ethik/Philosophie-Unterrichts sind Dialogfähigkeit, Selbständigkeit und Urteilskompetenz in Fragen, die Moral, Sinn- und Weltdeutung betreffen. Ethik-Unterricht zielt nicht primär auf das moralische Handeln selbst, wie es das verkürzende Konzept einer Moralerziehung intendiert.[2.] Wer davon ausgeht, daß der Wertekanon feststeht und lediglich der jungen Generation zu »vermitteln« sei, verkennt die Gefahren des Dogmatismus und der Gesinnungsschnüffelei, auf Schülerseite die Gefahren der bloß äußeren Aneignung und der Unaufrichtigkeit – oder die Wertevielfalt wird auf Sekundärtugenden reduziert. Ethik/Philosophie-Unterricht darf nicht als Kompensation für nicht gelingende Elternerziehung betrachtet werden und ebensowenig zum Anti-Gewalt-Mittel funktionalisiert werden. Er enthebt die Gesellschaft nicht der Verantwortung für genau die Bedingungen und ggf. deren Veränderung, die zur Diskussion über die sog. »Werteerziehung« geführt haben. Alle Erwartungen an einen »Ethik«-Unterricht, die gewissermaßen auf einen »wohlerzogenen Output« gerichtet sind, sind verfehlt: sie instrumentalisieren die Werte zu Erziehungsmitteln und die Jugendlichen zu Objekten, anstatt ihrer *Subjekt*-Werdung beizustehen. Das je eigene Nachdenken, die gedankliche Bemühung und die kritische Auseinandersetzung, und ebenso das eigene, »gewissenhafte« Urteil und das handelnde Eintreten für das eigene Urteil kann und darf niemandem abgenommen werden; letztlich müssen sie der Schule unverfügbar bleiben. Sokratische Gespräche in der Tradition von Leonard Nelson und Gustav Heckmann wirken durch ihre Betonung vernünftiger Selbstbestimmung eben diesen Fallstricken entgegen: hier werden Verantwortlichkeiten klar benannt, Werte entschlüsselt und Menschen als Subjekte ernst genommen. Die auf Vernunft gegründete Selbsttätigkeit wirkt zudem von innen heraus jeglicher Mediatisierung – und sei es für »gute« Zwecke – entgegen.

Der sokratische Dialog läßt sich als das spezifische und entscheidende Medium der Auseinandersetzung mit Orientierungsfragen betrachten und begründen. Das sokratische Paradigma, in dem sich Zielvorstellung und Methode kreuzen und verdichten, betrifft den Kern des philosophisch-pädagogischen Anliegens des Philosophie/Ethik-Unterrichts. An den Darstellungen der Sokratischen Methode[3] ließe sich die Relevanz für den Ethik/Philosophie-Unterricht im einzelnen erläutern. Hier möchte ich in aller Kürze den Zusammenhang zwischen Ethik/Philosophie-Unterricht und Sokratischer Methode an den konstitutiven Elementen aufzeigen, die ich an anderer Stelle herausgearbeitet habe.[4]:

# Konstitutive Elemente der Sokratischen Methode in ihrer Relevanz für den Ethik-Unterricht

1. Die Voraussetzungslosigkeit
   Da für die Sokratische Methode das öffentliche, voraussetzungslose Philosophieren auf dem Marktplatz konstitutiv ist, entspricht sie genau der Anforderung, die für einen Ethik/Philosophie-Unterricht an allgemeinbildenden Schulen zu erheben sind: Es werden keine prinzipiellen Vorbedingungen gestellt. Jeder Mensch kann teilnehmen, keine Vorkenntnisse sind erforderlich, kein Thema ist tabu.
   Faktisch gebotene Einschränkungen aufgrund des Alters oder anderweitiger Bedingungen in der konkreten Lerngruppe sind davon nicht berührt. Aber ausgeschlossen ist ein elitäres oder in irgendeinem Sinne esoterisches Philosophie-Verständnis. Zur Teilnahme ist kein theoretisches Wissen zur Sache notwendig, auch über die Methode selbst nur wenige Grundlagen. (Für die Leitung ist das selbstverständlich anders.) Insbesondere ist weder die Zugehörigkeit, noch die Nicht-Zugehörigkeit zu einer religiösen oder weltanschaulichen oder sonstigen Gesinnungsgemeinschaft Voraussetzung. Diese Offenheit ist in formaler Hinsicht wie als geistiger Habitus unabdingbar für einen Philosophie/Ethik-Unterricht an öffentlichen Schulen, der seinen Adressaten bei der Orientierungssuche behilflich sein will.

2. Die Erfahrungsbasis
   Da die Sokratischen Gespräche bei konkreten Beispielen ihren Ausgangspunkt nehmen, ist der Bezug zur Erfahrung und Lebenswelt der Beteiligten gesichert und muß nicht erst durch didaktische Vorkehrungen hergestellt werden – »man weiß, wovon die Rede ist«. Erst allmählich und in enger Verzahnung mit dem Prozeß des gemeinsamen Nachdenkens werden abstraktere Aussagen untersucht. Dieses im üblichen Sinne induktive Vorgehen impliziert den Anspruch an die Philosophie, mit der Wirklichkeit in Verbindung zu bleiben. Besonders durch die selbst erlebten Beispiele wird das Gespräch in der Erfahrung verankert und die Lebenswelt als Ausgangspunkt des Philosophierens aufgenommen und ernst genommen.

Dem didaktischen Postulat der Schülerorientierung wird so in doppelter Weise entsprochen:
a. durch das Bewußtmachen von Wirklichkeitserfahrung (insbesondere durch das Einstiegsbeispiel),
b. durch die Arbeit an *eigenen* Formulierungen im Fortgang des Gesprächs.

Schülerorientierung bedeutet jedoch nicht Hängenbleiben bei der Befindlichkeit oder der Interessenlage der SchülerInnen. Die ins Bewußtsein gerufenen Wirklichkeits-Erfahrungen werden ja im Fortgang des Gesprächs im Hinblick auf das Thema bzw. die jeweilige Frage gemeinsam untersucht und so in weitere Reflexionsebenen überführt.

3. Der Non-Dogmatismus

Sokratische Gespräche setzen weder eine Lehre voraus, noch streben sie ein Lehrsystem an; schriftliche Gedankenfixierung dient lediglich als vorübergehende Unterstützung im gemeinsamen Denkprozeß. Es gibt keine Berufung auf unbefragte Lehrsätze. Das Zitieren oder »Sich anschließen« an fremde Aussagen widerspricht der je eigenen Urteilskompetenz.

3.1 Der Non-Dogmatismus entspricht der juristischen Grundlage des Ethik/Philosophie-Unterrichts, der nicht auf einer religiösen, weltanschaulichen oder philosophischen Lehre fußen und nicht das Bekenntnis (»confessio«) zu einer solchen bezwekken darf.

3.2 Der Verzicht auf eine Lehre entspricht ebenso der intendierten Einstellung, sich offen mit verschiedenen Meinungen, Überzeugungen und »Lehren« auseinanderzusetzen: Unvoreingenommenheit als Gesprächstugend. Vor allem für den/die Gesprächsleiter/in forderte Nelson in aller Strenge den »Verzicht auf jedes belehrende Urteil überhaupt«[5].

3.3 Die Sokratische Methode entspricht als nicht-belehrende Unterrichtsmethode der nicht-belehrenden Intention des Ethik/Philosophie-Unterrichts: Die Stellungnahmen und ihre Rechtfertigungen oder Einwände, die Urteile und ihre Begründungen oder ihre Kritik werden nicht als fertige bereitgestellt, vielmehr im Unterricht jeweils neu erarbeitet.

4. Maieutik
Die »Hebammenkunst« als Kern der Sokratischen Methode verhilft zur »Geburt« der Gedanken, und zwar in zwei Stufen: In einer ersten gilt es, die sich »anmeldenden« Aussagen überhaupt erst einmal »zur Sprache« und »auf den Begriff« zu bringen, Thesen oder Positionen sprachlich wie gedanklich zu »klären«. Auf einer zweiten Stufe sind diese dann argumentativ zu überprüfen und ggf. zu begründen. Die *eigenen* Gedanken und Meinungen der SchülerInnen sind gefragt, gerade auch wenn sie nicht unmittelbar oder nicht vollkommen formuliert werden können.
Mit ihrer Hilfestellung zum Finden und Formulieren der eigenen Gedanken und Meinungen trägt die Sokratische Methode nicht nur dem didaktischen Postulat der Schülerorientierung Rechnung, sondern ermöglicht darüber hinaus Selbst-Artikulation und vernünftige Selbstbestimmung. Für den Ethik/Philosophie-Unterricht ist dies insofern von besonderem Gewicht, als vielen SchülerInnen in der gegenwärtigen Gesellschaft kein anderer Ort zum Gespräch über die eigenen Fragen und Probleme zur Verfügung steht: Der übliche Fachunterricht, die Familie oder eine Kirchengemeinde sind aus verschiedensten Gründen oft nicht geeignet oder fallen ganz aus. Um so wichtiger ist ein Übungsfeld im »Selber-denken« und »Bewußt-werden«.

5. Das Selbstvertrauen der Vernunft
In diesem Topos drückt sich der Aufklärungsanspruch der Sokratischen Methode aus. Vernunft ist die einzig legitime Berufungsinstanz; nur Gedanken, die durch eigenes Nachdenken gewonnen wurden, sind als Argument in den Gesprächsgang einzubringen (keine Zitate). In der Praxis drückt sich diese Intention in der *Authentizitätsregel* aus: Jeder soll nur solche Äußerungen in das Gespräch einbringen, die er/sie tatsächlich meint (zum Zeitpunkt der Äußerung) und argumentativ zu verteidigen bereit ist. Vernunft kann nur in selbstbestimmter Weise zur Geltung kommen. Allerdings sind dem Vertrauen in die Vernunft auch die Zumutungen an die Vernunft zur Seite zu stellen: die Anstrengung des Begriffs ebenso wie die kritische Prüfung von Aussagen ist mit größtmöglicher Redlichkeit auf sich zu nehmen. Das Selbstvertrauen der Vernunft ist auch selbstkritisch.

Wenn der Ethik/Philosophie-Unterricht sich allzu kurzschlüssig nach den vordergründigen Interessen der Schülerinnen und Schüler ausrichtet, betrügt er sie u. U. um diese wichtige Erfahrung des Ringens um eine ebenso sachgerechte wie ehrliche Antwort, kurz um den kritischen und ggf. existenziellen Dialog zwischen verschiedenen Stimmen auch in ihnen selbst.

An Sokrates, dem Aufklärer der Antike, Philosoph und Pädagoge ineins, kann sich der Philosophie/Ethik-Unterricht – vermeintlich paradox – das Beispiel nehmen gerade für den Rückverweis der SchülerInnen auf die eigene Urteilsfähigkeit und das Unternehmen der eigenen Urteilsbildung.

6. Die Denkgemeinschaft

Neben der Erfahrung des eigenen Denkens ist die Erfahrung gemeinsamen Nachdenkens von Bedeutung, in dem Dominanz-, Konkurrenz- und Selbstdarstellungsbedürfnisse zurückstehen. Es gibt wenig Freiräume in unserer Gesellschaft, in denen eine Annäherung an die ideale Sprechsituation, in der nur noch vernünftige Argumente zählen, erprobt werden kann.

Auf dem Gesprächsweg ergibt sich nicht nur ein Zugewinn an Autonomie der Urteilskraft, sondern auch Wahrnehmung der Meinungen, Überzeugungen und Schwierigkeiten der jeweils anderen und auf diese Weise ein Zugewinn an Sensibilität und Problembewußtsein. Dazu kommt die Erfahrung der gegenseitigen Hilfestellung und Ergänzung: Dadurch, daß man sich in intensiver Gedanken-Arbeit gegenseitig auf Fehler und bislang unberücksichtigte Gesichtspunkte aufmerksam machen kann, kommt letztlich die Gruppe gemeinsam weiter als ein einzelner. Auf diese Weise wird also auch die Kooperationsfähigkeit und das in einer Gruppe verborgene Problemlösungspotential aktiviert und gestärkt. Reale Erfahrungen dieser Art könnten der vorherrschenden Wirklichkeitserfahrung entgegengesetzt werden, so daß in Ansätzen zugleich der »Vorschein einer Lebensform«[6] sichtbar zu werden vermag.[7]

7. Wahrheit und Verbindlichkeit

Dialogische Offenheit bedeutet nicht Beliebigkeit. Im Sokratischen Gespräch wird vielmehr nach dem Wahren bzw. Gültigen gemeinsam und ernsthaft gesucht. Erstaunlicherweise stellen sich immer wieder Konsense her, die auf authentischer Einsicht beruhen, und nicht auf Abstimmung, Gruppendruck oder verinnerlichtem Erwartungszwang. Der gesellschaftliche Minimalkonsens wird daher durch sokratisches Philosophieren nicht gefährdet, sogar eher befestigt: Denn für *welche* Werte und Positionen Verbindlichkeit vernünftigerweise beansprucht werden darf, wird sich bei unvoreingenommenem Nachdenken und kritischer Prüfung *erweisen*, wenn auch unter dem Vorbehalt der »kontrafaktischen Unterstellung der idealen Sprechsituation«[8], die ja als Regulativ gleichwohl wirksam ist. Dazu sind weder normative inhaltliche Vorgaben oder Vorschriften nötig, noch eine von allen geteilte Wahrheitstheorie. Durch Sokratische Gespräche besteht vielmehr die Chance, den vernünftigen Gehalt des normativen Selbstverständnisses unserer Gesellschaft in jeder Lerngruppe und in jeder Generation durch eigene Erarbeitung jeweils neu anzueignen.

## Vorzüge des Sokratischen Ansatzes im dissonanten Konzert der Konzeptionen für einen »Ethik-Unterricht«:

Die Sokratische Methode im engeren Sinn, wie sie von der Gesellschaft für sokratisches Philosophieren in der Tradition von Nelson-Heckmann praktiziert wird, kann nur unter Einschränkungen in den normalen Schulalltag übertagen werden.[9] Erfaßt man sie jedoch von ihren Grundideen und ihrer Grundeinstellung her[10], gewissermaßen ihrem »Geist«, so läßt sich die Sokratische Methode im weiteren Sinne als zentral für den Philosophie/Ethik-Unterricht begreifen. Sicher kann die Sokratische Methode im engeren Sinn nicht die einzige Unterrichtsmethode sein (vor allem unterhalb der 10. Klasse nicht), aber die konkreten Vorgehensweisen im Unterricht lassen sich auf die Grundidee des Sokratischen Dialogs beziehen und sollten aus dieser Zentralperspektive bedacht werden.

Die Sokratische Methode bedarf freilich der geduldigen Übung und Ergänzung, wie sie umgekehrt die anderen Unterrichtsmethoden und -aktivitäten durchdringen kann. Auch in kreativen, weniger sprach-bezogenen Methoden wie Spielen, Malen, gemeinsames Tun können sich Klärungen und Einsichten vollziehen, Werthaltungen entwickeln und Überzeugungen reifen. Entscheidend für den Ethik/Philosophie-Unterricht ist beim Einsatz anderer Methoden immer die eigene Auseinandersetzung mit den Problemen. Sie bedürfen einer *dialogischen Dimension*, um einerseits das eigene Gewissen und die eigene Urteilsfähigkeit auszubilden, andererseits Achtsamkeit und Verständnis zu fördern für moralische, weltanschauliche oder religiöse Auffassungen, die einem fremd sind, um die Bereitschaft zum friedlichen Umgang miteinander zu entwickeln. Dieses Anliegen entspricht genau auch sokratischer Tradition. Wie ein sokratischer Umgang mit anderen Verfahrensweisen im einzelnen aussehen kann, muß in der Praxis weiterentwickelt werden. Diese kann gleichwohl im Dialog aus sachlichen Gründen fraglich werden und erneut überdacht werden, ohne daß dies aber zwingend als Zielsetzung vorausgesetzt würde. (Beispiel: Dialog zwischen verschiedenen Weltanschauungen und/oder Religionen.)

So wie Sokrates mit seiner Gesprächs-Hebammenkunst (»Maieutik«) seinen Gesprächspartnern zur selbständigen Gedankenklärung verhalf, kommt es im philosophischen Ethik-Unterricht auf die Diskussion der unterschiedlichen Auffassungen zur gestellten Frage sowie ihre Begründung an, woran sich schließlich ggf. ein gemeinsamer Lösungsvorschlag anschließen kann. Alles zusammen könnten wir die Entwicklung von Vernunft nennen – und davon haben wir nicht zuviel, sondern zuwenig!

Als »Kern« bleibt das vornehmlich auf Nachdenken gestützte, offene und gemeinsame Herausfinden dessen, was gültig ist, mit welcher vorläufigen Reichweite auch immer. Ein Kollege in meinem Weiterbildungskurs hat es so formuliert: »Je mehr ich mich mit Materialien und Medien 'bewaffne', um so weniger läuft der Ethik-Unterricht. Je offener ich mich persönlich auf die Lerngruppe einlasse, um so mehr geschieht.«

Somit entspricht die Sokratische Methode dem »Nachdenklichkeitsmodell« in der Typisierung von Barbara Brüning[11]. Die Sokratische Methode steht in der Mitte zwischen zwei extremen und in ihrer einseitigen Zuspitzung verfehlten Konzeptionen von »Ethikunterricht«, die in der gegenwärtigen Diskussionen in mancherlei Varianten eine Rolle spielen: zwischen doktrinalen, einen festen Wertekatalog zugrundelegenden Konzeptionen auf der einen Seite, die im Lehrer bloß den Vermittler sehen[12], und psychologisch-soziologisch orientierten Lebenshilfe-Konzeptionen auf der anderen Seite, die der Lehrerin ein Rollenkonglomerat aus Kumpel, Beraterin, Therapeut, Vorbild und Beichtmutter zuweisen.

Zur doktrinalen Seite: Sie verbindet sich leicht mit restaurativen Tendenzen, die eine wohl nie so ungebrochen vorhanden gewesene Ordnung bzw. ein Sinngefüge, einen Religions- oder Ideologieersatz wiederherstellen wollen und die der Schule bzw. dem Ethik-Unterricht den schwarzen Reparatur-Peter zuschieben wollen, für den de facto die Gesamtheit verantwortlich ist. Sie verstehen *Ethik* verkürzt als einen starren Wertekanon oder säkularisierten Dekalog und können *Lernen* nur nach dem Modell des »Vermittelns« feststehender Gegenstände fassen. Sie überspringen die Notwendigkeit des Erklärens und Verständlich-Machens im vermeintlich mutigen Hau-Ruck-Akt zur »Werte-Erziehung«, und sie übersehen die Bedeutung der Selbsttätigkeit für die Selbst-Werdung.

Demgegenüber hat das Prinzip des *Sokratischen Dialogs* als grundlegend für den Ethik-Unterricht an öffentlichen Schulen zwei Vorzüge: Zum einen wird auf der Basis vernünftiger Argumentation eine (von anderer Seite befürchtete) weltanschauliche Engführung, das Absolut-Setzen einer bestimmten Gesinnung oder gar Indoktrination vermieden. Zum anderen wird die Frage nach der Verbindlichkeit der Werte nicht mit Macht oder gar nach der Manier von Religionskriegen gewaltsam entschieden, sondern in den diskursiven Prozeß selbst zurückverlagert.

Über die viel diskutierten Fragen eines wirklichen oder vermeintlichen »Sinnvakuums«, »Werteverlusts« oder »Wertewandels« sollte kein ideologischer Streit geführt werden oder gar wie bei Max Weber ein irrationaler Kampf letzter Glaubensüberzeugungen, der die Gefahr des Umschlags in Gewalt impliziert. Auch auf der Metaebene der bildungstheoretischen Auseinandersetzung sollte ein rationaler, sokratisch inspirierter Diskurs etabliert werden. Denn es gilt für SchülerInnen wie LehrerInnen gleichermaßen: Die Einsichten, die in einem Prozeß gemeinsamer Anstrengung gefunden und persönlich angeeignet wurden, werden am ehesten tragfähig sein, auch zur »Immunisierung« gegen ideologische oder weltanschauliche Verführungen; ein weiterer Grund für die zentrale Bedeutung der Sokratischen Methode für den Philosophie/Ethik-Unterricht. Ein auf den sokratischen

Dialog setzender Philosophie/Ethik-Unterricht ist daher wohl weltanschauungs-, aber nicht wert-neutral.

Am entgegengesetzten Ende stehen Konzeptionen, die vorschnelle Lebensberatung anbieten, Unterricht in Selbsterfahrungs-Veranstaltungen verwandeln, Situations-Analyse mit Psycho-Analyse und die Schulklasse mit einer Therapiegruppe verwechseln. Sie wahren in solchen Grenzüberschreitungen nicht die Achtung vor der Schüler- und auch der Lehrerpersönlichkeit, sie lassen die Schüler und Schülerinnen in ihrer Situations-Befindlichkeit und die Lehrenden in der Lerngruppe aufgehen. Letztere werden damit zugleich mit diffusen und am Ende unmenschlichen Rollenerwartungen überhäuft. Solche Konzeptionen scheinen zu glauben, daß sie auf solides Hintergrundwissen und wissenschaftliche Methoden, insbesondere der Philosophie verzichten können und tragen anstelle einer dialogischen Didaktik Weltanschauungs*kämpfe* in das Klassenzimmer, denen die noch nicht gefestigten Schülerpersönlichkeiten u. U. gar nicht begegnen können. Informative und kognitive Voraussetzungen sind für eine angemessene Auseinandersetzung gerade erst bereitzustellen.

Demgegenüber setzt die Sokratische Methode zwar auch bei der Erfahrung als Ausgangspunkt an und nimmt Personen und Situationen ernst, aber sie ermöglicht eine Überschreitung der Ausgangslage und damit einen Fortschritt im Denken.[13] Weil Probleme bearbeitet werden im Hinblick auf ihre grundsätzlichen Implikationen, entgeht ein Sokratisches Gespräch dem Steckenbleiben in der Befindlichkeit oder in der Betroffenheit emotionaler oder ideologischer Verstrickung, ohne die Schülerinnen und Schüler zu überfordern. Eine an Erfahrung anknüpfende, im weiteren aber begrifflich-theoretische Distanzierung ermöglicht einen Erkenntniszuwachs[14], da im Prinzip die Einzelschritte gemeinsam vollzogen und Stolpersteine gemeinsam aus dem Weg geräumt werden. Es handelt sich jedoch auch nicht um einen vorgezeichneten, vorgeplanten Denkweg. Die Verknüpfungen zu Erkenntnisfortschritten geschehen oft unerwartet oder an unvermuteten Stellen; ein gelingendes Sokratisches Gespräch verbindet auf lebendige Weise Rationalität und Kreativität.

So stellt ein gutes Sokratisches Gespräch schließlich nicht zu unterschätzende *Anforderungen* insbesondere an die Gesprächsleiter bzw. an die LehrerInnen des Philosophie/Ethik-Unterrichts: Eine philosophische Grundbildung ist unumgänglich, nicht so sehr wegen der

Kenntnis von Inhalten als um der Vertrautheit mit Denkfiguren und Argumentationsmöglichkeiten willen. Andererseits ist das übliche Studium des Faches Philosophie für sich genommen auch keine ausreichende Voraussetzung. Entscheidend ist vielmehr, daß die Lehrer/innen – um zur Urteils- und Dialogfähigkeit zu befähigen – selbst Dialog- und Urteilsfähigkeit sich aneignen. Voraussetzung dafür ist die Offenheit, sich den Fragen und Problemen selbst jeweils neu zu stellen. Die eigene Person und die eigene Biographie sind, zumindest indirekt, bei den anstehenden Problemen oft mitgefragt. Sodann ist Flexibilität notwendig, selbst unterschiedliche Positionen in ihrem Für und Wider wahrnehmen zu können, sowie hypothetisches Denken, das sich auch in Voraussetzungen und Gegebenheiten hineindenken kann, die es selbst nicht teilt. Schließlich ist die Fähigkeit zur Gewichtung und Abwägung von Argumenten (beispielsweise in einer moralischen Dilemma-Situation) und zur selbständigen Urteilsbildung erforderlich. Das bedeutet auf der einen Seite, eine dogmatische Übernahme (vermeintlich) fester Regeln oder Werte oder Wert-Rangfolgen zu vermeiden, auf der anderen Seite aber auch eine verbreitete Scheu vor Verbindlichkeit abzubauen; m. a. W. selbst als mündiger Bürger/Bürgerin Stellung beziehen zu können[15]. Dies ist nicht zu verwechseln damit, daß in jeder Unterrichtssituation die Lehrermeinung gefragt wäre: Sparsamkeit in der Mitteilung, aber Intensität in der eigenen Reflexion, die bei Bedarf von Schülern »angezapft« werden darf.

Ein auf die Sokratische Methode gegründeter Philosophie/Ethik-Unterricht stellt keine geringen Ansprüche an die Lehrenden; aber durch die klare Zentrierung auf die Dialog- und Urteilsfähigkeit werden Überfrachtung und Rollendiffusität vermieden.

Die eigene Einübung der Lehrerinnen und Lehrer nicht nur in das Organisieren oder Moderieren von Dialogen, sondern vor allem in eigenes dialogisches Denken und Verhalten ist zentrale Aufgabe der Lehrerbildung.

Anmerkungen

1  vgl. Gisela Raupach-Strey (1998)
2  vgl. Alfred Treml (1994) S. 24f
3  siehe Nelson (GS I, 1970), Siebert (1996), Raupach-Strey (1994; 1996

u.a.); Gustav Heckmanns Reflexionen – vorwiegend anhand von Berichten – sind dargestellt in: Gustav Heckmann (1981; 1993)
4 vor allem in Raupach-Strey (1996); siehe auch Referat »Das Paradigma der Sokratischen Methode in der Tradition von Leonard Nelson und Gustav Heckmann« am 16.4.1998 in der Ev. Akademie Loccum, Veröffentlichung in Bd. VI der Schriftenreihe der PPA
5 Nelson (GS I, 1970), S. 291
6 Habermas (1971) S. 141
7 vgl. Raupach-Strey (1977), bes. S. 15
8 Habermas (1971) S. 136
9 Die wesentlichen Punkte sind gut analysiert von Klaus Draken (1989); Weiterführung in der AG 1 der Loccumer Tagung April 1998 (siehe auch Anm. 4).
10 siehe Anm. 4
11 Dies gilt unter dem Aspekt der Zielsetzung einer kritischen Reflexion über pluralistische Werte und Normen; die Vorgaben sind im Sokratischen Gespräch jedoch nicht aus der Traditon als solcher, vielmehr aus der Erfahrung genommen.
12 vgl. Treml (1994), betrifft das Konzept der »Moralerziehung«, aber teilweise auch der von ihm sog. »Praktischen Philosophie«.
13 Eine Auseinandersetzung mit psychologisierenden pseudo-sokratischen Tendenzen habe ich geführt in Raupach-Strey (1989)
14 Vgl. die »Diskursregeln«, die Sokrates im Kriton vor dem Einstieg in die eigentliche Problemerörterung verlangt: Unabhängigkeit von der Meinung der Leute, von den eigenen Emotionen und vom persönlichen Vor- oder Nachteil.
15 vgl. Manon Maren-Grisebach (1981)


Literatur

*Brüning, Barbara:* »Ethische Bildung in Europa«. In: Ethik & Unterricht, 3/1996, S. 35–41
*Draken, Klaus:* »Schulunterricht und das Sokratische Gespräch nach Leonard Nelson und Gustav Heckmann«. In: Zeitschrift für Didaktik der Philosophie 1/89 mit dem Thema »Das zwingende Argument«
*Maren-Grisebach, Manon:* »Stellung beziehen. Einführung in ethische Probleme«, Vandenhoeck & Ruprecht, Göttingen 1981
*Habermas, Jürgen:* »Vorbereitende Bemerkungen zu einer Theorie der kommunikativen Kompetenz«. In: J.Habermas/N.Luhmann: »Theorie der Gesellschaft oder Sozialtechnologie – Was leistet die Systemforschung?«, Suhrkamp, Frankfurt a.M. 1971, S. 101–141
*Heckmann, Gustav:* »Das Sokratische Gespräch. Erfahrungen in philosophi-

schen Hochschulseminaren«, Schroedel, Hannover 1981; Neuausgabe mit einem Vorwort von Dieter Krohn, dipa, Frankfurt a.M. 1993.
*Nelson, Leonard:* »Die Sokratische Methode« (Vortrag 1922). In: Gesammelte Schriften in neun Bänden, Felix Meiner, Hamburg 1970–72, Bd I, S. 269–316; auch in: Leonard Nelson, Vom Selbstvertrauen der Vernunft. Schriften zur kritischen Philosophie und ihrer Ethik, Felix Meiner, Hamburg 1975.
*Raupach-Strey, Gisela:* »Philosophie-Unterricht als Interaktion – Zur Praxis des philosopohischen Unterrichtsgesprächs –«. In: Aufgaben und Wege des Philosophieunterrichts, N.F., Hirschgraben, Frankfurt 1977, S. 1–16
*Raupach-Strey, Gisela:* »Sokratische Praxis: Narziß oder die Suche nach Wahrheit?«. In: Philosophie, Beiträge zur Unterrichtspraxis, Cornelsen/Hirschgraben, Frankfurt/M.1989
*Raupach-Strey, Gisela:* »Die Sokratische Methode nach Leonard Nelson/Gustav Heckmann – eine philosophische Gesprächsmethode zwischen Alltag und Wissenschaft«. In: »Kommunikation und Humanontogenese«, hrsg. von Karl-Friedrich Wessel und Frank Naumann, Kleine, Bielefeld 1994, S. 560–568;
*Raupach-Strey, Gisela:* »Die Beziehung zwischen Diskurstheorie und Sokratischem Gespräch – keine Einbahnstraße!«. In Bd. III der Schriftenreihe der Philosophisch-Politischen Akademie, Frankfurt/M. 1996
*Raupach-Strey, Gisela:* »Ethik-Unterricht auf philosophischer Basis. Zum Berliner Schulversuch Ethik/Philosophie«. In: Deutsche Zeitschrift für Philosophie, 4/1998, Akademieverlag, Berlin.
*Siebert, Ute:* »Das Sokratische Gespräch – Darstellung seiner Geschichte und Entwicklung« (1994); jetzt Verlag Weber, Zucht & CO, Kassel 1996
*Treml, Alfred:* »Ethik als Unterrichtsfach in den verschiedenen Bundesländern. Eine Zwischenbilanz«. In: Ethik & Unterricht Sonderheft 1994, S. 18–29

# Diskussion

Kay Herrmann

# Transzendentalphilosophie und moderne Physik

## Kantsche Philosophie und die Krise in der Newtonschen Physik

Anfang des 20. Jahrhunderts gab es kaum eine physikalische Disziplin, deren Fundamente nicht in Bewegung gerieten. Begriffe, die als absolut (bezugssystemunabhängig) galten (wie z. B. *Gleichzeitigkeit, Masse*), mußten relativiert werden. Etliche physikalische Erscheinungen ließen sich nicht mehr im Rahmen der Newtonschen Mechanik erklären. Kaufmann entdeckte in den Jahren 1902–1906 die Geschwindigkeitsabhängigkeit der Masse. Bis dahin galt die Masse eines Körpers als Konstante. Der Michelson-Versuch, der von 1881 an durchgeführt wurde, erbrachte den Nachweis für die Unabhängigkeit des Wertes der Lichtgeschwindigkeit von der relativen Geschwindigkeit des Bezugssystems. Diese beiden sowie eine Vielzahl weiterer Experimente lösten in der Newtonschen Mechanik und in der Elektromagnetik-Optik eine tiefgreifende Krise aus. Eine Lösung der Probleme, in welche sich die auf der Newtonschen Mechanik basierende Physik zu Anfang des 20. Jahrhunderts verstrickt hatte, brachte erst die Spezielle Relativitätstheorie (1905). Allerdings erforderte diese Theorie die Preisgabe des absoluten Charakters von physikalischen Größen wie Länge, Zeit oder Geschwindigkeit. In der Allgemeinen Relativitätstheorie (1916) wurde schließlich die physikalische Raum-Zeit einem der nichteuklidischen Räume gleichgesetzt. Einstein kam zu der Auffassung, daß ein Gegensatz zwischen der Kantschen Auffassung von Raum und Zeit und dem von der Relativitätstheorie implizierten Raum-Zeit-Konzept bestehe.

Ein Umbruch bahnte sich auch in der Physik der Materie an. Im Jahre 1913 stellte Bohr sein Atommodell vor, das die Einführung sprunghafter, vermeintlich kausal nicht erklärbarer Übergänge erzwang. Die folgenden Jahre brachten weitere einschneidende Konsequenzen mit sich:

1925: Bohr erklärte, daß auf eine kausale und raum-zeitliche Beschreibung atomarer Vorgänge verzichtet werden müsse.
1926: Bohr schlug die wahrscheinlichkeitstheoretische Interpretation der Wellenfunktion vor.
1927: Heisenberg entdeckte die Unschärferelationen.
1927: Einstein setzte der Kopenhagener Deutung der Quantenmechanik einen realistischen Standpunkt entgegen.
1935: Das Einstein-Podolsky-Rosen-Paradoxon wurde formuliert.

Angesichts dieser Sachlage mußten die Transzendentalphilosophen erklären, welche Rolle Vorstellungen wie *Substanz, Kausalität, Wechselwirkung, Modalität* usw. bei der Interpretation der modernen Physik überhaupt noch spielen und welches Verhältnis zwischen Kantscher Lehre von Raum und Zeit und der Raum-Zeit-Konzeption der Relativitätstheorie besteht.

Als Kant die *Kritik der reinen Vernunft* und die *Metaphysische[n] Anfangsgründe der Naturwissenschaft* schrieb, hatte er das Weltbild der Newtonschen Mechanik vor Augen. Er erhob fast das gesamte Wissensgebäude der Newtonschen Mechanik in den Rang eines apodiktisch gewissen Systems. Zum Denkmuster der Newtonschen Mechanik gehören z. B. folgende Prinzipien: *Satz von der Erhaltung der Masse, Vertrauen auf den vollständigen Determinismus, die Welt wird in instanter Wechselwirkung gedacht (d. h. es wird davon ausgegangen, daß es keine zeitliche Verzögerung zwischen Ursache und Wirkung gibt)*. Aufgrund der engen Verbindung zwischen Kantscher Philosophie und Newtonscher Mechanik geriet mit der Krise in der auf der Newtonschen Mechanik basierenden Physik auch die Kantsche Philosophie in eine Krise.

## Argumentationsfiguren Kantisch inspirierter Schulen

Gegen Ende des 19. und zu Beginn des 20. Jahrhunderts war der Neukantianismus die einflußreichste der Kantisch inspirierten philosophischen Strömungen. Deshalb ist die Untersuchung der Reaktionen der Neukantianer auf die Umbrüche in den Naturwissenschaften von besonderem Interesse. Da der Neukantianismus keine monolithische philosophische Strömung war, kann kaum ein Pauschalurteil getroffen werden. Es sollen aber zwei der am häufigsten zitierten Neukantianischen Positionen besprochen werden. Gemeint sind die Auffassungen von Paul Natorp und Ernst Cassirer.

Zu den ersten, welche auf die Umwälzung des Raum-Zeit-Konzepts durch die Relativitätstheorie reagierten, gehörte Natorp. Auf Natorps Ansatz wurde später von etlichen der Kantisch inspirierten Philosophen zurückgegriffen. Natorps Strategie bestand – vereinfacht ausgedrückt – in der Behauptung, daß kein Widerspruch zwischen Kants transzendentaler Ästhetik und der Raum-Zeit-Konzeption von Einstein und Minkowski existiere, da streng zwischen den Kantschen »reinen« Anschauungsformen einerseits und den empirischen Räumen von Physik und Psychologie andererseits unterschieden werden müsse. Die »reinen« Anschauungsformen seien aber nun gerade die Voraussetzungen bestimmter empirischer Realisierungen. Eine solche Auffassung entwickelte Natorp in seiner Schrift *Die logischen Grundlagen der exakten Wissenschaften* (1921). In dieser Arbeit schreibt er:
»[...] so erkennen wir in dem *Minkowskischen* Relativitätsprinzip nur die konsequente Durchführung des bereits von *Newton* aufgestellten, von *Kant* festgehaltenen und schärfer gefaßten Unterschieds der reinen, absoluten, mathematischen von der empirischen, physikalischen Zeit- und Raumbestimmung, welche letztere durchaus nur relativ sein *kann*.« (Natorp 1921, S. 399)
Die nichteuklidische Geometrie, die in der Allgemeinen Relativitätstheorie Verwendung findet, betrachtete Natorp als ein wertvolles *Hilfsmittel* zur Lösung bestimmter physikalischer Probleme. Mit ihrem Gebrauch sei aber keine neue Einsicht in das eigentliche Wesen von Raum und Zeit verbunden. Er vertrat die Auffassung, daß die Erfahrung niemals über die Struktur des Raumes entscheiden könne. Hier argumentierte er wie Nelson. Seine Position versuchte er anhand eines Gedankenexperiments zu belegen, das auch Nelson anführt. Würde nämlich die Ausmessung eines Dreiecks mit kosmischen Ausmaßen eine Winkelsumme von 180° ergeben[1], so seien damit noch keine Aussagen über die geometrischen Eigenschaften *des Raumes* verbunden. Vielmehr müßte man annehmen, daß eben die Lichtfortpflanzung nicht exakt geradlinig erfolgt. Sein Fazit lautet darum:
»In jedem Fall würde durch geeignete physikalische Annahmen das Ergebnis der Messung sich mit den Voraussetzungen der

*Euklidischen* Geometrie in Einklang bringen lassen.« (Natorp 1921, S. 315)

Während Natorps Strategie darin bestand, nachzuweisen, daß es keinen eigentlichen Gegensatz zwischen moderner Physik und Kantscher Philosophie gibt – die neuesten Erkenntnisse werden sogar als Belege für die Richtigkeit Kantschen Philosophie gedeutet –, fragten die späteren Neukantianer verstärkt nach einer aktualisierten, dem wissenschaftlichen Fortschritt angepaßten Form des Kantianismus. Eine wichtige Ursache für diese Umorientierung ist in der besseren Vertrautheit der jüngeren Generation mit der modernen Physik zu suchen. Als herausragender Vertreter dieser neuen Richtung muß Cassirer angesehen werden. Cassirer zeichnete sich durch äußerst fundierte Kenntnisse der Relativitätstheorie und Quantentheorie aus. Die Beschäftigung mit den Neuerungen in der Physik des beginnenden 20. Jahrhunderts führte ihn zu der Auffassung, daß das Kantsche Gedankengut weiterentwickelt werden müsse, damit man dem Wissenschaftsfortschritt Rechnung tragen könne. Allerdings bleibe das Kantsche Wahrheitskonzept – zumindest in seiner allgemeinsten Bestimmung – durch die Ergebnisse der Relativitätstheorie unangetastet. Die Relativitätstheorie führe nämlich deutlich vor Augen, daß es in den Naturwissenschaften nicht um das *Abbilden* irgendwelcher *absoluter Dinge* gehe, sondern um die Bestimmung des physikalischen Gegenstandes durch die Einheit der Naturgesetze. Wenn die Relativitätstheorie lehrt, daß ein Körper, der bezüglich des Bezugssystems A als Kugel erscheint, in einem gegenüber von A bewegten Bezugssystem B in Gestalt eines Rotationsellipsoids in Erscheinung tritt, so habe es keinen Sinn, danach zu fragen, welches der beiden Bilder denn nun der *absoluten* Form des Gegenstandes gleicht. Ebenso verlange das Kantsche Wahrheitskonzept lediglich, daß sich die Mannigfaltigkeit der verschiedenen Sinnesdaten unter einem *allgemeinen Erfahrungsbegriff* vereinigen lasse.

In der Frage nach der Struktur des Raumes kam Cassirer – unter Verweis auf Poincaré – im wesentlichen zum gleichen Schluß wie Natorp. Die Ausmessung großer Dreiecke könne niemals etwas über die *Struktur* des Raumes verraten, sondern nur über die Gesetze der Optik.

Die von Cassirer vorgenommene Revision der Kantschen Philosophie wird z. B. durch die folgenden drei Deutungsansätze zum Ausdruck gebracht:

- In der vom Relativitätsprinzip geforderten allgemeinen Kovarianz (Forminvarianz der Naturgesetze beim Übergang von einem Koordinatensystem in ein anderes) sah er den Garant für die synthetische Einheit der wissenschaftlichen Erfahrung.
- Die Invarianten (vierdimensionale Vektoren und Tensoren) betrachtete er als moderne Formen des Substanzbegriffs.
- Er schloß sich einer Interpretation der Allgemeinen Relativitätstheorie an, wonach die Einsteinschen Gravitationsfeldgleichungen die Aufhebung des Dualismus' zwischen Raum und Materie implizieren.

Mit den philosophischen Konsequenzen der Quantenmechanik setzte sich Cassirer in seiner Arbeit *Determinismus und Indeterminismus* (1937) auseinander. Besondere Aufmerksamkeit widmete er dabei dem Kausalitätsprinzip. Er glaubte, daß sich das eigentliche Wesen der Kausalität in der Forderung nach *strenger funktionaler Abhängigkeit* offenbare. Dem Kausalitätsprinzip sei also bereits Genüge getan, wenn die Aufstellung strenger, mathematisch formulierter Gesetze gelinge. Hierzu schreibt er:

»Setzt man die einzelnen Bestimmungsstücke, über welche die Quantenmechanik verfügt, in der Weise an, wie sie nach den allgemeinen Prinzipien der Theorie und nach den durch die Unbestimmtheits-Relationen gezogenen Grenzen allein angesetzt werden können, so ergibt sich stets zwischen ihnen eine funktionale Beziehung, die sich exakt definieren läßt. Es gilt dann das 'Kausalgesetz der Quantenmechanik', d. h. der Satz, daß es, wenn zu irgendeiner Zeit gewisse physikalische Größen so genau gemessen werden, wie dies prinzipiell möglich ist, auch zu jeder anderen Zeit Größen gibt, für die das Resultat der Messung präzis vorhergesagt werden kann [...].« (Cassirer 1937, S. 234)

In diesem Zusammenhang hob er hervor, daß mit der Forderung nach funktionaler Abhängigkeit nicht mehr die Hoffnung auf anschauliche Beschreibung der Einzelvorgänge verbunden werden könne.

## Einordnung der Neufriesschen Strömung

Neben dem Neukantianismus entstanden um die Jahrhundertwende aber auch andere Strömungen einer Rückbesinnung auf die Leistungen vergangener Philosophieepochen. Zu diesen Strömungen gehörten der Neufichteianismus, der Neuhegelianismus, der Neufriesianismus und auf katholischem Gebiet der Neuthomismus. Besonders eng an Kants Transzendentalphilosophie orientierte sich der Neufriesianismus. Hauptinitiator dieser Schulbildung war der Göttinger Philosoph Leonard Nelson.

Nelsons erster Kontakt mit der Friesschen Philosophie datiert auf das Jahr 1896, in dem er Halliers *Kulturgeschichte des 19. Jahrhunderts* geschenkt bekam. Dieses Buch, das eine positive Besprechung der Friesschen Philosophie enthält, beeindruckte Nelson so stark, daß er sich intensiver mit der Friesschen Philosophie zu beschäftigen begann und schließlich zu dem Urteil gelangte, daß nur die Friessche Philosophie die korrekte Fortsetzung des Kantschen Ansatzes darstelle.

Ebenso wie Fries legte auch Nelson großen Wert auf das Studium der exakten Wissenschaften. Während seines Studiums in Heidelberg nahmen Mathematik und Logik einen großen Teil der von ihm besuchten Lehrveranstaltungen ein. Später ließ sich Nelson von seinem älteren Freund, dem Mathematiker Hessenberg, in Mathematik unterrichten.

Die Naturphilosophie war zwar nicht das Hauptbetätigungsfeld Nelsons, dennoch hat er sich in Vorträgen, Vorlesungen, Kolloquien und Artikeln mit den modernen Naturwissenschaften auseinandergesetzt. Indem Nelson die apriorischen Prinzipien auffinden wollte, welche der Physik zugrunde liegen, schloß er unmittelbar an das Kant-Friessche Programm einer *reinen Theorie der Naturwissenschaft* an. Am Mechanizismus der Kant-Friesschen Philosophie[1] hielt er dogmatisch fest.

Ganz im Sinne der Kant-Friesschen Tradition ging Nelson davon aus, daß dem Raum a priori eine euklidische Beschaffenheit zukomme. Es sei daher nicht die Aufgabe der Erfahrung, Aussagen über die *Struktur* des Raumes zu machen. Da der Anschauungsraum eine euklidische Beschaffenheit besitze, müßten auch alle Erfahrungsgegenstände unter den Gesetzen der euklidischen Geometrie stehen; denn es sei nicht möglich, die Raumvorstellung von den Gegenständen zu lösen. Die Unterscheidung zwischen einem geometrischen und einem physikalischen Raum entbehrt nach Nelsons Auffassung jedes Grundes. Er versuchte dies durch den Hinweis zu belegen, daß beispielsweise ein Dreieck *Gegenstand* der Geometrie ist, zugleich aber *Form* eines möglichen Gegenstandes der Physik. Man könne daraus nicht schließen, daß zwischen einem physikalischen und einem geometrischen Dreieck zu unterscheiden ist. Es handle sich lediglich um zwei verschiedene Sichtweisen auf dasselbe Dreieck. Daraus schloß Nelson, daß der Raum des Geometers und der Raum, in dem sich die physikalischen Körper befinden, identisch sind.

Es verwundert daher nicht, daß die Relativitätstheorie bei den Neufriesianern anfänglich auf Widerstand stieß. Im Jahre 1914 verfaßte Bernays einen Aufsatz mit dem Titel *Über die Bedenklichkeiten der neueren Relativitätstheorie*. Er kam zu der kritischen Einschätzung, daß die Konsequenzen der Relativitätstheorie eine Auffassung implizieren, wonach die physikalischen Theorien nichts anderes sind als »[...] willkürliche Zusammenfassungen der in der Wahrnehmung gegebenen Erscheinungen [...], für deren Beurteilung außer der Forderung der Widerspruchslosigkeit und der Übereinstimmung mit den Experimenten nur der ästhetische Geschmack und die subjektive Bequemlichkeit maßgebend ist«. (Bernays 1914, S. 475)

Als Grelling auf der Tagung der Fries-Gesellschaft vom 14. bis 15. August 1921 die These aufstellte, daß die Relativitätstheorie wesentliche Annahmen der kritischen Philosophie widerlegt habe, geriet er selbst ins Kreuzfeuer heftigster Kritik.

Erst in den 30er Jahren – Nelson starb 1927 –, als Relativitätstheorie und Quantentheorie zu den etablierten Theorien gehörten, rückten die Neufriesianer von der anfänglich recht dogmatischen Haltung ab und revidierten die Nelsonsche Position. So bemühte sich Grete Hermann, in ihren Aufsätzen die Vereinbarkeit von kritischer Philosophie und moderner Physik nachzuweisen, indem sie die kritische Philosophie von ihrem »mechanizistischen Ballast« zu befreien versuchte.

Im Bericht der naturphilosophischen Tagung der Freunde der Friesschen Schule (4.–5. Januar 1930) wurde in bezug auf die Allgemeine Relativitätstheorie festgestellt:

»Die Physik bemächtigt sich des neuen Hilfsmittels, ihr ist nicht mehr die euklidische Geometrie die eine ausgezeichnete metrische Mannigfaltigkeit, von der a priori feststeht, daß sie allein das für jede wahre Theorie der Außenwelt notwendige mathematische Begriffssystem liefert. Die Erfahrung soll vielmehr entscheiden, welche der mathematisch möglichen Mannigfaltigkeiten am besten auf die Außenwelt paßt.« (Referate und Aussprachen 1930, Bl. 20)

Bernays, der sich anfangs sehr skeptisch über die Relativitätstheorie äußerte, hatte in der Zwischenzeit einen Prozeß des Umdenkens vollzogen. In späteren Jahren löste er sich von der Neufriesschen Schule und fand im Kreis um Ferdinand Gonseth eine neue geistige Heimat. Während Bernays in der obengenannten Arbeit aus dem Jahre 1914 gerade den Gegensatz zwischen Relativitätstheorie und kritischer Philosophie betonte, war es in einem Aufsatz aus dem Jahre 1933 ausgerechnet die Relativitätstheorie, die er gegen eine phänomenalistische Philosophie als Hinweis auf die Richtigkeit der Friesschen Lehre von der Reflexion anführte. Bernays' Neueinschätzung der Relativitätstheorie hatte sogar eine radikale Umwertung des Verhältnisses von kritischer Philosophie und Relativitätstheorie zur Folge. Im Jahre 1914 legte Bernays den Schwerpunkt auf die unbedingte Bewahrung der von Kant, Fries und Nelson aufgezeigten Prinzipien der kritischen Philosophie. Die Relativitätstheorie betrachtete er als noch nicht endgültig, newtonsch-mechanische Alternativtheorien wurden in Aussicht gestellt. Anfang der 30er Jahre zog Bernays eine Revision der ursprünglichen kritischen Philosophie in Betracht. Man muß allerdings festhalten, daß die positive Besprechung der Relativitätstheorie von Bernays post hoc vorgenommen wurde. Die Kant-Friessche Philosophie hätte kaum eine geeignete heuristische Schablone zur Entdeckung der Relativitätstheorie abgegeben. Das starre Festhalten an der euklidischen Geometrie des Raumes und am Mechanizismus erwiesen sich ja gerade als Hemmschuh bei der Auffindung der Relativitätstheorie.

## Grete Hermanns Versuch der Aussöhnung von kritischer Philosophie und moderner Physik

Grete Hermann gehörte zu den jüngeren Mitarbeitern Nelsons. Die wissenschaftliche Karriere begann sie in Göttingen. Sie studierte bei Emmy Noether Mathematik und bei Leonard Nelson Philosophie. Ihre philosophischen Arbeiten standen in der Tradition der Kant-Friesschen Philosophie, zu deren Grundforderungen es gehört, der Philosophie mathematische Strenge zu verleihen.

Als eine wichtige Aufgabe betrachtete sie die Klärung der Frage nach der Rolle der kritischen Philosophie für die moderne Naturwissenschaft. Sie empfand sehr deutlich den Gegensatz zwischen der kritischen Philosophie und den Ergebnissen der modernen Naturwissenschaft. Relativitätstheorie und Quantentheorie ließen bei Naturwissenschaftlern und Philosophen Zweifel an den Voraussetzungen der Kant-Friesschen Philosophie aufkommen. Mit solchen Zweifeln hatten sich die Vertreter dieser philosophischen Strömung auseinanderzusetzen.

Anfang der 30er Jahre reiste Grete Hermann nach Leipzig, um mit Heisenberg und seinem Mitarbeiterstab über deren philosophische Grundpositionen bzw. über die philosophischen Konsequenzen der von Heisenberg entwickelten Quantenmechanik zu diskutieren. Von dieser Begegnung berichtet Heisenberg im 10. Kapitel seines Buches *Der Teil und das Ganze*. An den Gesprächen nahm u. a. auch Carl Friedrich von Weizsäcker teil.

Nach eingehenden Diskussionen mit führenden Physikern erkannte Grete Hermann, daß es galt, die Nelsonsche Philosophie von ihren »irreführenden Absolutheitsansprüchen« zu befreien. Diese Absolutheitsansprüche spürte sie sowohl in Nelsons Naturphilosophie als auch in seiner Ethik. Ein solcher Absolutheitsanspruch war beispielsweise Nelsons Mechanizismus, d. h. die Auffassung, daß alle physikalischen Fragestellungen letztlich auf mechanische Probleme reduziert werden können. Zu dieser Position gelangte Nelson, weil er den – historisch überlebten – mechanizistischen Denkhorizont der Kant-Friesschen Philosophie übernahm. Die Prinzipien der Newtonschen Mechanik werden in der Kant-Friesschen Philosophie in den Status synthetischer Urteile a priori gehoben. Kant und Fries bezeichneten das System, das aus diesen Prinzipien konstruiert werden kann, als reine Naturlehre. Die reine Naturlehre soll die Bedingungen formulieren, unter denen Naturwissenschaft überhaupt möglich ist. Daher kam die Hoffnung, daß alles physikalische Geschehen letztlich eine Angelegenheit der Mechanik sei. (Hermann 1937, S. 363)

Aber bereits in der Elektrodynamik zeigte sich die Undurchführbarkeit dieses Programms. Die Beilegung der Krise in der klassischen Mechanik zu Anfang des 20. Jahrhunderts hatte den Sturz der Ätherhypothese zur Folge. Mit der Ätherhypothese verschwand auch die Hoffnung, die Lichtausbreitung auf mechanizistischer Grundlage beschreiben zu können. Es wurde bald deutlich, daß die Einheit der Physik nicht auf die Newtonsche Mechanik gegründet werden kann. Nach dem Sturz der Ätherhypothese büßte die Newtonsche Mechanik ihr Primat in der Physik ein. Das Verhältnis von Newtonscher Mechanik und Maxwellscher Elektrodynamik drehte sich mit der Entwicklung der Speziellen Relativitätstheorie um. Die Maxwellsche Elektrodynamik erwies sich als die exakte relativistische Theorie, während sich die Newtonsche Mechanik als eine Theorie herausstellte, die nur für den Spezialfall geringer Geschwindigkeiten (klein gegen die Lichtgeschwindigkeit) gültig ist.

Wie bereits erwähnt, fochten die Vertreter der Neufriesschen Schule die Relativitätstheorie lange an. Um den Einklang mit dem Newtonschen Weltbild wieder herzustellen, wies man häufig auf die mechanizistischen Modelle der Lichtausbreitung – Hypothese von Ritz – hin.

Grete Hermann versuchte nachzuweisen, daß die Newtonsche Mechanik der kritischen Philosophie nicht ihre Grenzen diktiert. In den Prinzipien der Newtonschen Mechanik seien Annahmen enthalten, die viel zu restriktiv sind, um mit den Grundpositionen der kritischen Philosophie identifiziert werden zu können. Eine Verengung der kritischen Philosophie auf die Gedankenwelt der Newtonschen Mechanik würde daher die kritische Philosophie um wichtige Inhalte berauben. Zu diesen implizit in der Newtonschen Mechanik enthaltenen Voraussetzungen zählte Hermann die folgenden drei:
- Ablösbarkeit des Gegenstandes der physikalischen Erkenntnis vom Beobachter,
- Eindeutige Zuordnung der Verknüpfungsrelationen (z. B.: *Raum, Zeit, Substanz, Kausalität, Wechselwirkung*) zu den Beobachtungsdaten,
- Identifizierung von Kausalität und Vorausberechenbarkeit.

Grete Hermann legte in ihren naturphilosophischen Arbeiten dar, daß Begriffe wie *Substanz, Wechselwirkung* und *Kausalität* selbst für die Elektrodynamik nicht an Bedeutung verloren haben. Auch in der Elektrodynamik werden *Substanzen* (elektrische Ströme, elektrisch geladene oder polarisierte Körper, elektrische und magnetische Felder) beschrieben und *Wechselwirkungen* zwischen ihnen untersucht, um »[...] mit ihrer Hilfe die beobachteten *Veränderungen kausal zu erklären*«. (Hermann 1937, S. 368)

Jedoch ist in der Elektrodynamik die Zuordnung der Verknüpfungsrelationen zu den Beobachtungsdaten nicht mehr eindeutig. Als Beispiel führte Grete Hermann den elektrischen Feldstärkevektor an: »*Wenn* an die betreffende Stelle des Raums ein elektrischer oder magnetischer Probekörper bestimmter Art gebracht wird, *so* wird er eine dem Feldvektor entsprechende Kraft erfahren. Handelt es sich dagegen um die Frage nach der zeitlichen Ausbreitung des Feldes, so wird man dieselben physikalischen Daten als Verschiebung des Äthers und insofern *substantiell* deuten.« (Hermann 1937, S. 377)

Die Verknüpfungsrelationen erfahren – so Grete Hermann – in der Elektrodynamik weder eine inhaltliche Änderung noch büßen sie ihren apriorischen Charakter ein. Lediglich ihre Verwendungsweise unterscheide sich von der in der Newtonschen Mechanik: »Sie kann nicht mehr als die Auffindung absolut festliegender Verhältnisse des Naturgeschehens betrachtet werden, sondern beschränkt ihren Gültigkeitsanspruch selber durch die Beziehung auf eine bestimmte Versuchsanordnung und Fragestellung.« (Hermann 1937, S. 377)

Eine solche Sichtweise entbinde den Philosophen der Pflicht, die Elektrodynamik mechanizistisch zu interpretieren. Das elektromagnetische Feld könne unter bestimmten Umständen selbst als etwas *Substantielles* angesehen werden, wobei die Bewegung des Feldes nicht den Gesetzen der Newtonschen Mechanik folgt. Daß die Elektrodynamik keine Theorie ist, die auf Newtonsch-mechanischer Grundlage basiert, impliziere keinen Konflikt mit der kritischen Philosophie. Zwar müsse die absolute Anwendung räumlicher und zeitlicher Vorstellungen aufgegeben werden, nichtsdestotrotz haben die klassisch-anschaulichen Raum-Zeit-Vorstellungen für die Relativitätstheorie noch eine wichtige Funktion. Nach Grete Hermann zeige sich das z. B. daran, daß

- im Inertialsystem euklidische Verhältnisse gelten,
- die Unsymmetrie zwischen räumlichen und zeitlichen Begriffen gewahrt bleibt[2],
- die allgemein-relativistischen Maßvorstellungen auf den klassischen Vorstellungen des euklidischen Raumes basieren,
- die Experimente der Allgemeinen Relativitätstheorie bezüglich des euklidischen Raumes geplant werden,

- die Bestimmung der Gleichzeitigkeit auch in der Relativitätstheorie eine notwendige Voraussetzung für die Ausmessung der räumlichen und zeitlichen Verhältnisse des physikalischen Geschehens bleibt. (Hermann 1937, S. 383)

Die physikalische Disziplin, die sich am stärksten von den klassisch-anschaulichen Vorstellungen gelöst hat, ist die Quantenmechanik. Das Verhältnis von Quantenmechanik und kritischer Philosophie wurde deshalb von Grete Hermann besonders intensiv untersucht. Grete Hermann legte bei der Besprechung der Quantenmechanik dar, daß selbst diese Theorie trotz des unanschaulichen Charakters ihres Formalismus' – man denke etwa an den Hilbert-Raum, die Zustandsvektoren, die Operatoren, durch welche die dynamischen Variablen der klassischen Physik ersetzt werden oder an die Wellenfunktion, die an die Stelle der anschaulichen Naturbeschreibung tritt – nicht vollständig auf anschauliche Vorstellungen verzichten kann. Die Stellen, an denen anschauliche Vorstellungen für die Quantenmechanik bedeutsam sind, arbeitete Grete Hermann sorgfältig heraus. Im oben erwähnten Gespräch zwischen Hermann, Heisenberg und Weizsäcker brachte letzterer einen wichtigen Hinweis auf die Unverzichtbarkeit der klassisch-anschaulichen Vorstellungen für die Quantenmechanik:

»Die Experimente, die der Physiker anstellt, müssen zunächst immer in der Sprache der klassischen Physik beschrieben werden, da es anders gar nicht möglich wäre, dem anderen Physiker mitzuteilen, was gemessen worden ist. Und erst dadurch wird der andere in die Lage versetzt, die Ergebnisse zu kontrollieren. Das Kantsche 'a priori' wird also in der modernen Physik keineswegs beseitigt, aber es wird in einer gewissen Weise relativiert. Die Begriffe der klassischen Physik, das heißt auch die Begriffe 'Raum', 'Zeit', 'Kausalität', sind in dem Sinn a priori zur Relativitätstheorie und Quantentheorie, als sie bei der Beschreibung der Experimente verwendet werden müssen – oder sagen wir vorsichtiger, tatsächlich verwendet werden. Aber inhaltlich werden sie in diesen neuen Theorien doch modifiziert.« (Heisenberg 1991, S.146f.)

Eine Brücke zwischen den klassisch-anschaulichen Vorstellungen und dem abstrakten Formalismus der Quantenmechanik schlägt das Korrespondenz-Prinzip. Dieses Prinzip gestattet es, in guter Näherung noch klassische Begriffe wie *Ellipsenbahn*, *Umlauffrequenz* u. a. zur Beschreibung der Energiewerte von Atomen heranzuziehen. Die klas-

sisch-anschaulichen Vorstellungen dürfen jedoch nur als Analogien verwendet werden. Deshalb kam Grete Hermann zu folgender Konsequenz:
»Die eine Feststellung also, daß die klassisch-anschaulichen Vorstellungen des in Raum und Zeit verlaufenden Naturgeschehens in der Quantenmechanik nur noch als Analogien zur Naturbeschreibung herangezogen werden, die je nach dem Beobachtungszusammenhang des Betrachters in der einen oder anderen Weise beschnitten werden, daß sie als solche Analogien aber für die Verarbeitung von Beobachtungen nach wie vor unentbehrlich sind, diese Feststellung reicht in der Tat hin, die Sonderheiten des quantenmechanischen Ansatzes verständlich zu machen: Aus ihr ergibt sich die Notwendigkeit, nebeneinander die Gesetzmäßigkeit des quantenmechanischen Formalismus und die der klassischen Theorien zu verwenden, vor der Messung den 'Schnitt' zu machen, der die quantenmechanische Verfolgung eines Prozesses abschließt zu Gunsten der klassischen Interpretation der Vorgänge am Meßapparat. Sie zeigt, inwiefern die Unanschaulichkeit des quantenmechanischen Formalismus vereinbar ist mit dem Festhalten an den anschaulichen klassischen Bildern, und wie die Unkontrollierbarkeit der Störung am Meßapparat vereinbar ist mit der lückenlosen Kausalität des Naturgeschehens, die jedem Vorgang in prinzipiell kontrollierbarer Weise eine Ursache zuordnet, auf die er mit Notwendigkeit folgt.« (Hermann 1935, S. 138)
Aus diesem Zitat geht hervor, daß Grete Herrmann von der lückenlosen Gültigkeit des Kausalitätsprinzips für die Quantenmechanik überzeugt war. Die Frage nach der Verbindlichkeit des Kausalitätsprinzips hat von Anfang an eine wichtige Rolle in der Debatte um die Interpretation der Quantenmechanik gespielt. Insbesondere die Anhänger der Kopenhagener Deutung dieser Theorie vertraten die Position, daß die Quantenmechanik gezeigt habe, in der Natur gäbe es durchaus akausale Übergänge. Als Beispiel für die Verletzung des Kausalitätsprinzips infolge eines quantenmechanischen Vorganges nannte Heisenberg den radioaktiven Zerfall. Zwar wisse man, daß ein Radium B-Atom im Mittel innerhalb einer halben Stunde unter Emission eines Elektrons in ein Radium C-Atom übergeht, doch lasse sich keine Ursache dafür angeben, daß es gerade zum Zeitpunkt t0 zerfällt. Es sei die Quantenmechanik selbst, welche die Gründe dafür liefere,

daß man keine Ursachen für den genauen Zerfallszeitpunkt finden kann. Die Verständnisschwierigkeiten, die Grete Hermann mit diesem Sachverhalt hatte, machen ihre Worte deutlich, an die sich Heisenberg in seinem Buch *Der Teil und das Ganze* erinnert:

> »'Eben an dieser Stelle', entgegnete Grete Hermann, 'könnte doch der Fehler der heutigen Atomphysik liegen. Aus der Tatsache, daß man für ein bestimmtes Ereignis noch keine Ursache gefunden hat, kann doch unmöglich gefolgert werden, daß es auch keine Ursache gibt. Ich würde daraus nur schließen, daß hier noch eine ungelöste Aufgabe vorliegt, das heißt, daß die Atomphysiker weiter suchen sollen, bis sie die Ursache gefunden haben. [...]'«
> (Heisenberg 1991, S. 143)

Grete Hermanns Gespräche mit Heisenberg fanden im Zeitraum von 1930–1932 statt. Bis zum Jahre 1935 – in dem ihre Arbeit *Die naturphilosophischen Grundlagen der Quantenmechanik* erschien – hatte bei ihr ein Umdenkprozeß stattgefunden. Denn sie schreibt in diesem Aufsatz:

> »Die Möglichkeit, neue, das Ergebnis einer Messung streng determinierende Merkmale zu finden, ist demnach in der Quantenmechanik in der Tat durch den einzigen Grund ausgeschlossen, der bei der Unabgeschlossenheit der Erfahrung zum Beweis ausreicht: *Die das Messungsergebnis determinierenden Merkmale sind durch die Quantenmechanik selber bereits genannt.*« (Hermann 1935, S. 107)

Sie erkannte, daß es insbesondere die Heisenbergschen Unschärferelationen sind, welche der Vorausberechenbarkeit objektive Grenzen setzen. Die Einschränkung in der Vorausberechenbarkeit müsse noch keine Verletzung des Kausalitätsprinzips zur Folge haben. Hermann unterschied eindeutig zwischen *Kausalität* und *Vorausberechenbarkeit*:

> »Die kausale Verknüpfung zweier Vorgänge betrifft unmittelbar nur die notwendige Abfolge der Ereignisse selber; die Möglichkeit dagegen, diese auf Grund der Einsicht in die Kausalzusammenhänge vorauszuberechnen, liefert das Kriterium für die richtige Anwendung der Kausalvorstellungen.
> Lösen wir beides voneinander, formulieren also das Kausalgesetz zunächst unabhängig vom Kriterium seiner Anwendbarkeit, so erhalten wir dafür die Behauptung, daß nichts in der Natur ge-

schieht, das nicht in allen physikalisch feststellbaren Merkmalen durch frühere Vorgänge verursacht ist, und das heißt: mit Notwendigkeit auf sie folgt. In diesem Sinn ist die lückenlose, uneingeschränkte Kausalität mit der Quantenmechanik nicht nur vereinbar, sondern wird sogar nachweislich von ihr vorausgesetzt.« (Hermann 1935, S. 120)

Schließlich gelangte Grete Hermann zu dem Ergebnis, daß die Vermengung von *Kausalität* und *Vorausberechenbarkeit* und die damit verbundene unklare Verwendung des Begriffs *Determinismus* für die Ablehnung des Kausalitätsprinzips durch die Vertreter der Kopenhagener Deutung der Quantenmechanik verantwortlich waren. Deshalb explizierte sie in ihrem Aufsatz *Die naturphilosophischen Grundlagen der Quantenmechanik* den Begriff *Determinismus*. Sie wies darin auf zwei prinzipielle Möglichkeiten hin, den Begriff *Determinismus* zu definieren:
(a) Determinismus ≡ kausale Bestimmtheit,
(b) Determinismus ≡ beliebig genaue Vorausberechenbarkeit des künftigen Ablaufs eines Vorganges. (Hermann 1935, S. 126)

Grete Hermann war der Auffassung, daß die Quantenmechanik zwar deterministisch im Sinne von (a), nicht aber im Sinne von (b) sei. In bezug auf das Kausalitätsprinzip gelangte sie zu folgendem Fazit:
»Denn eben das ist das Ergebnis der bisherigen Untersuchungen, daß die in der klassischen Physik durchweg herrschende und auch plausible Ansicht, lückenlose Kausalität und die Möglichkeit prinzipiell unbeschränkter Zukunftsberechnungen seien untrennbar miteinander verknüpft, sich als falsch erwiesen hat. Sie ist widerlegt worden durch den Nachweis vom nur relativen Charakter der Naturbeschreibung, der die Annahme durchgängiger Kausalität von neuem bestätigt, aber mit der Hoffnung auf beliebig scharfe Vorausberechnungen endgültig gebrochen hat.« (Hermann 1935, S. 126)
Sehr scharfsinnig spürte Hermann die Gründe für den Bruch der Quantenmechanik mit dem klassischen Ideal der Vorausberechenbarkeit auf. Das Vorgehen der klassischen Physik ist dadurch gekennzeichnet, daß bei Erfassung von Naturzusammenhängen zu einer immer genauer werdenden Erforschung einzelner Systeme und der

zwischen ihnen bestehenden Wechselwirkungen fortgeschritten wird. Dabei gilt es, einzelne Gegenstände aus dem Gesamtkontext zu isolieren und die an ihnen bestehenden Merkmale zu untersuchen.

Ein solches Vorgehen hat sich für die klassische Physik als äußerst *fruchtbringend* erwiesen. Viele der großen Entdeckungen der klassischen Physik wurden ja erst möglich durch das Absehen von spezifischen Begleitumständen. Man denke beispielsweise an die Entdeckung des Fallgesetzes. So konnte durch Abstraktion von Begleitumständen wie Farbe, Materialbeschaffenheit, Masse, Größe des fallenden Körpers sowie von Umgebungsfaktoren wie Anwesenheit von Luft, Umgebungstemperatur, Geschwindigkeit des Systems, bezüglich dessen der Körper fällt, das Fallgesetz in »reiner« Form gewonnen werden.

Diese Methode, die sich für die klassische Physik als so *außerordentlich* fruchtbar erwiesen hatte, ließ sich nicht ohne weiteres in der Quantenmechanik anwenden. Dort wird etwa die Wellenfunktion zur Beschreibung des Gesamtsystems eingeführt. Die Wellenfunktion enthält jedoch nicht mehr die ursprünglichen Teilsysteme als eigenständige Gebilde. Hermann beschrieb diesen Sachverhalt folgendermaßen:

»Diese abstrakte Funktion drückt Beziehungen zwischen den verschiedenen das Gesamtsystem charakterisierenden Größen aus, erlaubt aber nicht mehr, irgend ein Teilsystem, das sich zu irgend einem Zeitpunkt als Teil des Ganzen hat nachweisen lassen, während der ganzen Zeit in seinem individuellen Schicksal zu verfolgen.« (Henry-Hermann 1948, S. 380)

Das wohl berühmteste Beispiel, an dem sich die Besonderheiten der Quantenmechanik deutlich zeigen, ist der Welle-Teilchen-Dualismus. So weist beispielsweise ein Lichtquant unter bestimmten Meßbedingungen Wellencharakter, unter anderen Meßbedingungen dagegen Teilchencharakter auf. Dabei stellt sich heraus, daß überhaupt gar nicht danach gefragt werden kann, was das Lichtquant unabhängig von konkret spezifizierten Meßbedingungen denn nun eigentlich sei. Wenn sich das Verhalten irgendeines quantenmechanischen Teilsystems aus prinzipiellen Gründen nicht über den gesamten Beobachtungszeitraum hinweg verfolgen läßt, so ist sein Verhalten auch nicht prinzipiell vorausberechenbar.

Trotzdem sprach Hermann von einem undurchbrochenen Kausalzusammenhang, der das Naturgeschehen durchzieht. Ein solcher lückenloser Zusammenhang wird durch die quantenmechanischen Gesetze zum Ausdruck gebracht. Nun scheint es allerdings so, als ob sich damit ein Widerspruch in Hermanns Überlegungen anbahnt. Da nämlich das physikalische Gesetz immer in der Sprache der Mathematik formuliert ist, muß dessenungeachtet auch der durch das betreffende Gesetz zum Ausdruck gebrachte Zusammenhang immer der *Berechnung* zugänglich sein. Denn offenbar gilt doch: Bei Kausalzusammenhängen, die durch mathematisch ausformulierte physikalische Gesetze wiedergegeben werden können, sind Kausalität und Vorausberechenbarkeit miteinander verbunden. Wieso betonte dann aber Grete Hermann gerade die Trennung von Vorausberechenbarkeit und Kausalität?

Dazu muß man sich nochmals vor Augen halten, daß die quantenmechanischen Gesetze die Unmöglichkeit intendieren, die *Bahn* eines als *Punktteilchen* gedachten Elektrons oder den *Zeitpunkt des Zerfalls* eines Atomkerns *exakt vorauszuberechnen*. Wenn Grete Hermann vom Indeterminismus sprach, so hatte sie offenbar im Blickfeld, daß sich das Verhalten solcher anschaulicher Deutungsschemata wie *Punktteilchen, Bahnkurve, Welle* usw. – die ja in den quantenmechanischen Gesetzen selbst gar nicht vorkommen – nicht exakt vorausberechnen läßt. Damit wird das *klassische Kausalitätsprinzip* aufgegeben. Die Hermannschen Überlegungen dürfen jedoch nicht dahingehend mißverstanden werden, daß in der Quantentheorie prinzipiell keine exakte Vorausberechenbarkeit mehr möglich sei. Bereits die Wellenfunktion $Y(x, t)$ ist ein Beispiel für eine exakt vorausberechenbare quantenmechanische Größe. Jedoch liefert die Wellenfunktion nur *Wahrscheinlichkeiten* für das Eintreten bestimmter Ereignisse. Die quantenmechanischen Gesetze geben beispielsweise Gründe an, die uns sagen, daß der Zerfall eines Atomkerns A zum Zeitpunkt $t0$ mit der Wahrscheinlichkeit $W0$ erwartet werden muß. Deshalb kann nach dem Zerfall davon gesprochen werden, daß der Zerfall eines Atomkerns mit Notwendigkeit erfolgte, also *kausal* bestimmt war. Keines dieser Gesetze gestattet es jedoch, den genauen Zerfallszeitpunkt vorauszuberechnen. Insofern ist der Zerfall ein *indeterministischer* Vorgang.

Hermanns Überlegungen verweisen auf ein nichtklassisches Kausalitätsprinzip. Sie nimmt bereits das in der modernen Wissenschaftstheorie häufig gebrauchte Konzept einer *schwächeren Kausalität* vorweg. Die in der Mikrophysik vorkommende Form der Kausalität kann folgendermaßen charakterisiert werden:

»Die Ursache A als reale Erscheinung, die mit der Wahrscheinlichkeit pa eintritt, bringt eine andere reale Erscheinung B, die Wirkung, die mit der Wahrscheinlichkeit pb eintritt, hervor und bedingt sie.« (Röpke 1983, S. 257)

Nach Grete Hermanns Auffassung stellt die Kant-Friessche Philosophie ein geeignetes Konzept zur Interpretation der modernen Physik dar. Sie erwähnte insbesondere fünf Punkte, die ihrer Auffassung nach stark zugunsten einer transzendentalphilosophischen (im Kant-Friesschen Sinne) Interpretation der modernen Physik sprechen:

- Klassische Vorstellungen sind auch für die quantenmechanische Forschung unentbehrlich. Bohr selbst hat in diesem Zusammenhang beharrlich auf die Unverzichtbarkeit klassischer Vorstellungen hingewiesen.
- Auch die Quantenmechanik benötige Begriffe, welche das Mannigfaltige der Wahrnehmungen zur physikalischen Erfahrung zusammenordnen. Die Frage nach der *Einheit* (in Form physikalischer Gesetze) der physikalischen Erfahrung spielt ebenso in der Quantenmechanik eine wichtige Rolle.
- Zwar gibt es prinzipielle Grenzen der Vorausberechenbarkeit, nichtsdestotrotz sei das Kausalitätsprinzip auch in der Quantenmechanik gültig.
- Nach Kant und Fries ist die Naturerkenntnis keine adäquate Erfassung der Wirklichkeit. Gemäß der Kant-Friesschen Philosophie werden bei der Naturerkenntnis in unvollkommener Weise Relationsgefüge aus der Wirklichkeit herausgelöst: Die Naturerkenntnis vermag jedoch nicht, zu den eigentlichen Dingen vorzudringen. (Hermann 1935, S. 148)

In der Quantenmechanik entfällt von selber die Vorstellung, daß jede Naturbeschreibung »[...] objektiv im Raum vorhandene und in der Zeit sich ändernde Dinge erfasse und diese nach den ihnen zukommenden Eigenschaften und eben darum eindeutig zu beschreiben habe.« (Hermann 1935, S. 147) Das physikalische Objekt läßt sich in der Quantenmechanik nicht vom Beobachtungszusammenhang lösen. Dieser allein entscheidet beispielsweise darüber, ob etwa das Elektron als Welle oder als Partikel beobachtet wird.

- Grete Hermann sah durch die Quantenmechanik das Gesetz der *Spaltung der Wahrheit* bestätigt. Die von Fries vertretene Auffassung, daß verschiedene, voneinander unabhängige, gleichwertige Erkenntnisbereiche bestehen, bezeichnete Apelt als *Spaltung der Wahrheit*. Als allgemeinst mögliche Spaltung wird die Spaltung in eine natürliche Weltsicht, die ihrerseits wieder in eine körperliche und eine geistige Ansicht aufspaltet, und in eine religiös-ästhetische Weltsicht betrachtet. In der körperlichen Weltsicht treten eine morphologische Weltsicht und eine hylologische Weltsicht gleichberechtigt nebeneinander. Während die morphologische Weltsicht die sinnliche Anschauung zum Gegenstand hat, bezieht sich die hylologische Weltsicht auf die reine Anschauung. Die geistige Weltsicht läßt sich in eine psychologische und eine ethisch-politische Weltsicht unterteilen. (Amir-Arjomand 1990, S. 97f.) Apelt verglich die menschliche Erkenntnis mit dem Ausblick, den man von verschiedenen Hügeln aus auf eine Landschaft hat: bald zeigt sich das eine, bald wird das andere wieder verdeckt. Dieses Bild könne als Analogie für die Art dienen, wie die quantenmechanischen Objekte erkannt werden. Denn von einem Quantenteilchen kann man in Abhängigkeit von den Meßbedingungen bald nur den Wellenaspekt und nicht den Teilchenaspekt oder den Teilchenaspekt und nicht den Wellenaspekt oder den Impuls und nicht den Ort oder den Ort und nicht den Impuls usw. präzis messen. Verschiedene komplementäre Natursichten treten in der Quantenmechanik nebeneinander, ohne daß einer das Primat gebührt. Sie sind einander ergänzende und doch ausschließende Beschreibungen der Wirklichkeit. Hierzu schreibt Grete Hermann:

  »Von diesem Gesichtspunkt aus läßt sich das naturphilosophisch Neue der Quantenmechanik so beschreiben, daß die Spaltung der Wahrheit weiter geht, als Philosophie und Naturwissenschaft das vorher annahmen. Sie reicht hinein in die physikalische Naturerkenntnis selber; statt diese nur abzugrenzen gegen andere Möglichkeiten der Wirklichkeitserfassung, scheidet sie innerhalb der physikalischen Beschreibungsweise verschiedene gleichberechtigte Darstellungen, die sich nicht in ein einziges Bild der Natur zusammenschließen lassen.« (Hermann 1935, S. 150)

Grete Hermann kam zu dem Gesamtresümee, daß sich die Quantenmechanik nicht nur widerspruchslos den Grundsätzen der kritischen Philosophie füge, sondern durch diese erst vollständig begreiflich gemacht werden könne. (Hermann 1935, S. 152)

In jüngster Zeit unternahm Ingeborg Strohmeyer den Versuch einer transzendentalphilosophischen Interpretation der modernen Physik. Ihren Entwurf legt Strohmeyer in der Publikation *Quantenmechanik und Transzendentalphilosophie* (1995) dar. Strohmeyer beruft sich auf Kants Transzendentalphilosophie. Sie selbst spricht von einer transzendentalphilosophischen Grundlegung der Physik. Wobei sie nachzuweisen bemüht ist, daß auch in der Quantentheorie bestimmte apriorische Bedingungen notwendig sind, um Erfahrung als objektive Erfahrung zu ermöglichen. Zugleich will sie zeigen, daß diese apriorischen Bedingungen eine Minimalontologie der äußeren Natur formulieren. In erster Linie werden unter diesem Blickwinkel die Kategorien *Substanz* und *Kausalität* untersucht. Besonders ist ihr daran gelegen, den transzendentalphilosophischen Gehalt aus Mittelstaedts Konzeption der Quantentheorie herauszupräparieren.

Auf eine Trennung zwischen Kausalität und Determinismus – wie das in Grete Hermanns Ansatz der Fall ist – bzw. auf die Forderung nach durchgängiger kausaler Bestimmtheit wird bei diesem modernen transzendentalphilosophischen Grundlegungsversuch verzichtet. Strohmeyer schließt folglich, daß es in der Quantentheorie durchaus Zustandsänderungen gibt, die nicht dem Kausalitätsprinzip genügen. Sie sieht darin aber keinen Verstoß gegen die transzendentalphilosophischen Prinzipien.

Den Grund für die Verletzung des Kausalitätsprinzips ortet Strohmeyer in der nichtdurchgängigen Bestimmtheit quantenmechanischer Objekte:

»Ist eine Eigenschaft zwischenzeitlich indefinit, so können ihre Werte (die sie nur hat, wenn sie objektiv vorliegt) nicht von früheren verursacht oder determiniert worden sein.« (Strohmeyer 1995, S. 161)

Es könne in diesem Fall folglich auch *keine kausale Verknüpfung* ihrer Werte geben, *deshalb* gälte der *Indeterminismus* (sic!). Laut Strohmeyer folgt die Behauptung, daß der Gegenstand der Natur ein individuelles, durchgängig determiniertes Objekt ist, nicht bereits aus der transzendentalphilosophischen kategorialen Bestimmungen von Substantialität und Kausalität. Denn nach der Kantschen Sicht ist der Gegenstand der äußeren Natur kein Ding an sich, dessen Eigenschaften an sich vorliegen, sondern eine Erscheinung oder ein Gegenstand für uns.

Letzteres ist zwar richtig, doch spricht Strohmeyer mit ihrem Konzept der Akausalität nicht völlig im Kantschen Sinne. Liest man nämlich Kants Ausführungen über Kausalität genau, so erkennt man unschwer, daß er sich wohl kaum mit dem Durchbrechen des Kausalzusammenhangs abgefunden hätte. In der *Kritik der reinen Vernunft* heißt es beispielsweise:

»Daß etwas geschehe, d. i. etwas oder ein Zustand werde, der vorher nicht war, kann nicht empirisch wahrgenommen werden, wo nicht eine Erscheinung vorhergeht, welche diesen Zustand nicht in sich enthält; denn eine Wirklichkeit, die auf eine leere Zeit folge, mithin ein Entstehen, vor dem kein Zustand der Dinge vorhergeht, kann eben so wenig, als die leere Zeit selbst apprehendirt werden. Jede Appehension einer Begebenheit ist also eine Wahrnehmung, welche auf eine andere folgt.« (Kant 1787, S. 169)

Nach Kant und Fries muß das Kausalitätsprinzip in der Natur *durchgängig* gültig sein, damit Erfahrung möglich ist.

Dennoch hat Strohmeyer nicht völlig Unrecht mit ihrem Argument, daß man im Rahmen von Kants Transzendentalphilosophie die *nichtdurchgängige Bestimmtheit* von Naturobjekten verstehen kann. Ansätze, die das Verständnis für eine nichtdurchgängige Bestimmtheit von Naturobjekten erleichtern, finden sich bei Kant und Fries in der Lehre von den *Realitäten (Beschaffenheitsbegriffen)*. Fries definierte die *Realitäten* folgendermaßen:

»*Realitäten* sind zunächst sinnesanschaulich vorgestellte Beschaffenheiten der Dinge, welche wir denkend nur aus der Sinnesanschauung auffassen und dann (nach Logik § 31.) durch die Form des Urtheils entweder *bejahend* als Merkmahl eines Gegenstandes setzen, oder *verneinend* von den Merkmahlen eines Gegenstandes ausschließen oder durch die Form des *unendlichen* Urtheils als eine bloße Beschränkung der Realitäten eines Gegenstandes geltend machen.« (Fries 1824, S. 199f. In: WW 8, S. 199f.)

Realitäten existieren nur in der Sphäre des menschlichen Denkens; sie kommen nicht den Dingen an sich zu. Deshalb können den Gegenständen in Abhängigkeit vom Beobachtungskontext auch widerstreitende Realitäten zukommen.

Faßt man nun die Eigenschaften quantenmechanischer Objekte als Realitäten im Kant-Friesschen Sinne auf, so lassen sich der Wellen- bzw. der Teilchencharakter eines quantenmechanischen Objekts als vom Subjekt konstituierte und durch bestimmte Meßbedingungen spezifizierte Eigenschaften interpretieren. Wenn man also einmal den Wellencharakter, ein andermal den Teilchencharakter eines quantenmechanischen Objekts mißt, so hat man zwei widerstreitende Eigenschaften, beide sind »[...] gleich real und positiv, aber die eine kann darum nicht die andere seyn.« (Fries 1831, S. 280. In: WW 5, S. 296)

Aus der nichtdurchgängigen Bestimmtheit von Objekten der äußeren Natur kann jedoch nicht unter Berufung auf Kants Transzendentalphilosophie auf die Möglichkeit akausaler Naturvorgänge geschlossen werden. Grete Herrmanns Ansatz hat gezeigt, daß die Ergebnisse der Quantenmechanik keinen Verzicht auf die Forderung nach durchgängiger Gültigkeit des Kausalitätsprinzips notwendig machen. Strohmeyer schließt auf die Akausalität quantenmechanischer Vorgänge, weil sie den alten – bereits von Grete Hermann enttarnten – Fehler begeht, *Kausalität* und *Determinismus* (im Sinne von exakter *Vorausberechenbarkeit*) undifferenziert gleichzusetzen. Damit bleibt sie dem *klassischen Kausalitätsprinzip* verpflichtet. Dieses kann freilich in der Quantenmechanik nicht aufrechterhalten werden. Insofern war Grete Hermann mit ihrem Abrücken vom *klassischen Kausalitätsprinzip* und ihrer Hinwendung zum Konzept einer *durchgängigen* (*wenngleich schwächeren*) Kausalität näher am Kantschen Anliegen als der moderne transzendentalphilosophische Ansatz von Ingeborg Strohmeyer.

## Schlußbemerkung

Trotz der Teilerfolge, die durch eine vom mechanizistischen Vorurteil befreite Transzendentalphilosophie erzielt werden konnten, darf man jedoch nicht die großen Probleme einer transzendentalphilosophischen Interpretation der modernen Physik übersehen. Die modernen

Naturwissenschaften zwangen die Transzendentalphilosophen zu immer neuen Revisionen. Nachdem sich das ursprüngliche Kantsche Kategoriensystem in nicht mehr zu übersehende Schwierigkeiten verwickelt hatte, wurden immer neue Apriorien eingeführt, die man als wahre Umsetzungen des Kantschen Vorhabens ansah.

Einen Schritt weiter ging Hans Reichenbach. Der »frühe« Reichenbach zog die Wandlung des Aprioris innerhalb historischer Zeiträume in Betracht. Als schließlich Auffassungen in die Kantsche Bewegung Einzug hielten, wonach die Aufgabe der Erkenntnistheorie darin bestehe, ein für richtig gehaltenes, aber historisch wandelbares Erklärungskonzept zu rechtfertigen, konnte man vom Kantianismus im eigentlichen Sinne nicht mehr sprechen.

Deshalb ist es also fraglich, ob die modernen transzendentalphilosophischen Konzepte als Erfüllungen des Kantschen Programms angesehen werden dürfen; denn sie können bestenfalls bestimmte Aspekte aus dem Kantschen Gebäude herausgreifen (etwa die Verwendbarkeit der Begriffe *Substanz*, *Kausalität* für die Interpretation der modernen Physik). Andere Aspekte müssen abgeändert oder ausgeblendet werden. Kant überzeugte seine Zeitgenossen jedoch gerade durch die Abgeschlossenheit und Stimmigkeit seines philosophischen Systems. Diese Natürlichkeit und Zwangsläufigkeit geht nun aber durch Deutungsversuche verloren, bei denen die modernen Naturwissenschaften im Sinne von ihnen angepaßten transzendentalphilosophischen Denkgebäuden interpretiert werden. (Hentschel 1990, S. 57f.)

Abkürzungen

*AFSNF* – Abhandlungen der Fries'schen Schule. Neue Folge. 1906–1937.
*WW Fries, J. F.:* – Sämtliche Schriften. Nach den Ausgaben letzter Hand zusammengestellt, eingeleitet und mit einem Fries-Lexikon versehen von G. König/ L. Geldsetzer. (Bisher) 26 Bde., Aalen 1967–1997.

Anmerkungen

1 Die Friessche Variante von Kants Transzendentalphilosophie wird im folgenden häufig auch einfach als *kritische Philosophie* bezeichnet.
2 Diese Unsymmetrie zeigt sich daran, »[...] daß bei der Festlegung der räumlichen und zeitlichen Maßverhältnisse zwar eine Bestimmung der Gleichzeitigkeit, nicht aber die Identifizierung eines und desselben Raumpunktes zu verschiedenen Zeiten gefordert wird: [...].« (Hermann 1937, S. 382f.)

Literatur

*Amir-Arjomand, K.:* Entdeckung und Rechtfertigung in der Wissenschaftsphilosophie des 19. Jahrhunderts unter besonderer Berücksichtigung der Entwicklung in Deutschland von ca. 1800–1875. Diss. phil. Köln. 1990.
*Cassirer, E:* Determinismus und Indeterminismus in der modernen Physik. Historische und systematische Studien zum Kausalproblem. Göteborg 1937.
*Fries, J. F.:* System der Metaphysik. Heidelberg 1824 (WW 8).
*Fries, J. F.:* Neue oder anthropologische Kritik der Vernunft. 2. Bd., 2. Aufl., Heidelberg 1831 (WW 5).
*Heisenberg, W.:* Der Teil und das Ganze. 12. Aufl., München 1991
*Henry-Hermann, G.:* Die Kausalität in der Physik. In: Studium Generale, Jg. 1, Heft 6 (1948), S. 375–383.
*Hentschel, K.:* Interpretationen und Fehlinterpretationen der Speziellen und der Allgemeinen Relativitätstheorie durch Zeitgenossen Albert Einsteins. Basel/Boston/Berlin 1990.
*Kant, I.:* Kritik der reinen Vernunft. 2. Aufl. 1787. In: Kants Werke, Akademie Textausgabe, Bd. 3, Berlin 1968.
*Natorp, P.:* Die logischen Grundlagen der exakten Wissenschaften. Leipzig/Berlin 1921.
*Röpke, G.:* Quantenphysik. Berlin 1983.
*Strohmeyer, I.:* Quantentheorie und Transzendentalphilosophie. Heidelberg/Berlin/Oxford 1995.

Verzeichnis zitierter Artikel aus den *Abhandlungen der Fries'schen Schule. Neue Folge* (AFSNF)

*Bernays, P.:* Über die Bedenklichkeiten der neueren Relativitätstheorie. In: AFSNF, Bd. 4, Heft 3 (1914), S. 459–482.
*Hermann, G.:* Die naturphilosophischen Grundlagen der Quantenmechanik. In: AFSNF, Bd. 6, Heft 2 (1935), S. 69–152.
*Hermann, G.:* Über die Grundlagen physikalischer Aussagen in den älteren und den modernen Theorien. In: AFSNF, Bd. 6, Heft 3 und 4 (1937), S. 309–398.

Bundesarchiv, Abt. Berlin, Nachlaß Nelson

Referate und Aussprachen von der naturphilosophischen Tagung der Freunde der Fries'schen Schule. Berlin, den 4. und 5. Januar 1930. N 2210/ 387, Bl. 1–25.

Jörg Schroth

# Bericht über das Fries-Symposion »Probleme und Perspektiven von Jakob Friedrich Fries' Erkenntnislehre und Naturphilosophie«

vom 9.–11. Oktober 1997 in Jena

Dieses Fries-Symposion, das erste seiner Art, das von *Wolfram Hogrebe* (Bonn) und *Kay Herrmann* (Jena) organisiert wurde, war zugleich die Abschlußtagung des von Hogrebe geleiteten DFG-Projekts »Jakob Friedrich Fries' Einfluß auf die Naturwissenschaften des 19. Jahrhunderts«. Vor ca. 30 Teilnehmerinnen und Teilnehmern wurden im Institut für Philosophie der Friedrich-Schiller-Universität Jena 16 Vorträge mit überwiegend philosophiehistorischen Schwerpunkten gehalten. Drei Vorträge befaßten sich mit dem Fries-Schüler Matthias Jakob Schleiden (1804–1881), zwei mit Leonard Nelson. Für diesen Bericht werde ich nur einzelne Aspekte einiger Vorträge herausgreifen.

Im Anschluß an die Begrüßung der Tagungsteilnehmer durch die Dekanin der Philosophischen Fakultät, Angelika Geyer, und Wolfram Hogrebes Eröffnungsrede, hielt *Lutz Geldsetzer* (Düsseldorf), der zusammen mit Gert König (Bochum) Fries' *Sämtliche Schriften* herausgibt, den einleitenden Vortrag zu »Fries' Stellung in der Philosophiegeschichte«, wobei er das Thema unter drei Aspekten abhandelte: (i) Fries' eigene Einschätzung seiner Stellung in der Geschichte der Philosophie, (ii) die ihm von den Philosophiehistorikern zugewiesene Stellung sowie (iii) die ihm nach Geldsetzers Ansicht gebührende Stellung.

Nach Fries' eigener Einschätzung war mit seinem System, in dem er lediglich eine Verbesserung der Fehler Kants sah, die Philosophie

131

an ihr Ende gekommen. Alle anderen nachkantischen Philosophen seien dagegen in längst überholte Stadien der Philosophiegeschichte zurückgefallen. Sein Verhältnis zu den englischen und französischen Philosophen seiner Zeit ließ Fries im Dunkeln, was nach Geldsetzers Vermutung wohl daran liegt, daß er die zwischen ihnen bestehenden großen Gemeinsamkeiten nicht offenlegen wollte.

Anhand eines Durchgangs durch die Fries-Darstellungen in den großen Philosophiegeschichten zeigte Geldsetzer, wie Fries im Laufe der Zeit vom Kantianer über den Halbkantianer zum Gründer eines eigenen philosophischen Systems avancierte, wobei die letzte Charakterisierung nach Geldsetzer auch die zutreffende ist. Bemerkenswert sei, daß Fries' Beiträge zur Rechts-und Sozialphilosophie sowie zur politischen Ökonomie in den Philosophiegeschichten nicht angemessen gewürdigt worden sind. So sei ganz in Vergessenheit geraten, daß der heute (fast) allgemein anerkannte Grundsatz der Würde des Menschen auf Fries zurückgeht, der damit Kants Kategorischem Imperativ eine materiale Bestimmung geben wollte.

Nach Geldsetzers Einschätzung war Fries der erste Wissenschaftstheoretiker der Natur- und Geisteswissenschaften und hat mit seiner Glaubenslehre, die fälschlicherweise immer auf seine Religionslehre bezogen worden ist, die realistische Ontologie der modernen Naturwissenschaft begründet. Fries hätte in vielen Gebieten der Philosophie zum Klassiker werden müssen, wenn seine adäquate Rezeption nicht durch den Psychologismusvorwurf verhindert worden wäre.

Das Bild von Fries in den Philosophiegeschichten des 19. Jahrhunderts, das Geldsetzer nachzeichnete, wurde in dem Vortrag »Fries und Popper« von *Gert König* (Bochum) durch eine Analyse der einflußreichsten Bezugnahme auf Fries in diesem Jahrhundert ergänzt.

In dem m. E. bemerkenswertesten Punkt seines Vortrages machte König deutlich, daß Fries selbst das von Popper so genannte »Friessche Trilemma« zwischen Dogmatismus, unendlichem Regreß und Psychologismus nie formuliert hat. Diese Richtigstellung scheint mir deshalb bedeutsam, weil das »Friessche Trilemma« mittlerweile zu einem eigenständigen philosophischen Begriff geworden ist, dem sogar ein Eintrag in einem neueren Lexikon der Philosophie gewidmet ist:

*Fries' trilemma* an anti-foundationalist argument (also known as the Münchhausen trilemma) formulated by Jakob Friedrich Fries (1773-1846[!][1]): any argument purporting to establish an ultimate basis must be defective, since it is bound to lead to an infinite *regress* or to a logically vicious *circle*. But to assume an ultimate foundation without argument is *arbitrary*. (Thomas Mautner (Hrsg.), *A Dictionary of Philosophy*, Oxford: Blackwell, 1996, S. 159)

An der von Popper angegebenen Belegstelle spricht Fries von drei Begründungsarten: Beweis, Demonstration und Deduktion. Urteile, die nicht beweisbar sind, können nach Fries demonstriert oder deduziert werden. *Ein Trilemma gibt es bei Fries nicht.*

In bezug auf Fries' angeblichen Psychologismus wies König darauf hin, daß Popper keinen »großen« Psychologismusvorwurf, demzufolge es keine apriorischen Urteile gibt, gegen Fries erhebe, sondern nur einen »kleinen« Psychologismusvorwurf, der darin besteht, Wahrnehmungen und subjektiven Überzeugungen einen begründenden Status zuzugestehen. Dieser Vorwurf widerlege jedoch Fries nicht, da man vielmehr einige neuere Ergebnisse der Neuropsychologie, die König in seinem Vortrag vorstellte, als Bestätigung Fries' diesbezüglicher Lehren interpretieren könne.

Trotz einiger punktueller Gemeinsamkeiten zwischen Fries und Popper – z. B. findet sich schon bei Fries eine Maxime, die Poppers Falsifizierbarkeitsprinzip entspricht –, hält König die beiden Philosophien insgesamt für so entgegengesetzt, daß man kaum von einer Ähnlichkeit oder Strukturaffinität sprechen könne.

*Klaus Sachs-Hombach* (Magdeburg) gab in seinem Vortrag »Fries' psychologistische Erkenntnistheorie« eine kurze Darstellung der Friesschen Erkenntnistheorie und untersuchte, inwieweit der sich durch die Geschichte der Fries-Darstellungen hinziehende Psychologismusvorwurf berechtigt ist. Um diese Frage zu beantworten, müsse zunächst der Begriff des Psychologismus differenziert werden. Psychologismus könne sich erstens auf verschiedene Disziplinen, wie Logik, Mathematik oder Philosophie, beziehen. Zweitens müsse hinsichtlich der Probleme, die er zu klären beansprucht, u. a. zwischen einem gegenstandstheoretischen Psychologismus, der Gedanken als Denkakt versteht, einem nomologischen Psychologismus, der die Gesetze der Logik als Realgesetze betrachtet und einem erkenntnistheoretischen Psychologismus, der Einsichten als Gefühle versteht, unterschieden werden. Sodann sei drittens zu fragen, ob er (u. a.) als attributiver Psychologismus versucht, philosophische Probleme durch die Psychologie als Hilfswissenschaft zu lösen, oder als substitutiver Psychologismus die Psychologie zur Grundlagenwissenschaft erheben will.

Nach Sachs-Hombach vertritt Fries allenfalls einen attributiven Psychologismus, der sich nur auf die Erkenntnistheorie bezieht. Diese sei zwar insofern nicht psychologistisch, als sie synthetische Erkenntnisse a priori annimmt, jedoch ersetze bzw. verdränge Fries den Begründungszusammenhang dieser Erkenntnisse mit ihrem Entdeckungszusammenhang und gehe nur dogmatisch von deren allgemeinen und notwendigen Gültigkeit aus. Neben dem Existenznachweis solcher Erkenntnisse gelinge es ihm nicht, auch deren Notwendigkeit in der menschlichen Vernunft nachzuweisen. Unter Verweis auf neuere Kant-Literatur beurteilt Sachs-Hombach die Friessche Kant-Interpretation als falsch und Kants Intentionen entgegengesetzt. Insbesondere sei Fries' Vorwurf, den Nelson übernimmt, daß Kant die Deduktion mit einem logischen Beweis verwechselt habe, unberechtigt.

Von besonderer Aktualität war der Vortrag von *Gerald Hubmann* (Frankfurt): »Menschenwürde und Antijudaismus. Zur politischen Philosophie von J. F. Fries«. Vor kurzem erschien im Band 25 der *Sämtlichen Schriften* (Aalen 1996, S. 150–73) Fries' berüchtigte Schrift »Über die Gefährdung des Wohlstandes und Charakters der Deutschen durch die Juden«, in der er F. Rühs' *Über die Ansprüche der Juden an das deutsche Bürgerrecht* rezensierte, die aber über eine bloße Rezension weit hinausging. Ohne Fries' unverzeihliche Auslassungen über »die Juden« und »das Judentum« in irgendeiner Weise beschönigen zu wollen, beurteilte Hubmann Fries' Schrift vor dem Hintergrund von dessen Ethik und Rechtsphilosophie.

Die Gründe für Fries' Judenfeindschaft sieht Hubmann, neben Fries' Ablehnung des seiner Ansicht nach durch die Juden verkörperten Finanz- und Kreditwesens, in dessen Begriff des Volkes. Während Kant unter einem Volk lediglich die *Bürger eines Staates* verstand, bestimmt Fries das Volk substantiell im Sinne eines *Volkstums*, das hinsichtlich seiner Abstammung, Sprache und Kultur eine homogene Einheit bildet. Fries verlangte die Auflösung des Judentums als Kulturgemeinschaft durch dessen vollständige Assimilation an das deutsche Volkstum. Er wollte also nicht die Ausgrenzung der Juden von einem rassisch reinen deutschen Volk, sondern im Gegenteil die »Verschmelzung« beider, worunter er allerdings die einseitige Anpassung der Juden an das deutsche Volk verstand. Die in der Literatur vorherrschende rassistische Interpretation von Fries' Judenfeindschaft sei deshalb unzutreffend.[2]

*Kay Herrmann* (Jena) gab in seinem Vortrag »Nelsons Kritik der Erkenntnistheorie und ihre Konsequenzen« Gründe für die Korrektheit von Nelsons berühmtem Beweis der Unmöglichkeit der Erkenntnistheorie an und zeigte, daß er auch für moderne Wahrheitstheorien (z. B. Tarskis semantische Theorie) einschlägig ist. Sodann wendete er ihn auf Nelsons eigene Erkenntnislehre an und schilderte schließlich Paul Bernays' Kritik am Fries-Nelsonschen Erkenntniskonzept.

Nelson unterscheidet in seiner Erkenntnislehre zwischen Vernunftwahrheit, die in der Übereinstimmung der (nicht-urteilsartigen) unmittelbaren Erkenntnis mit dem Gegenstand besteht, und Verstandeswahrheit, als Übereinstimmung zwischen der (urteilsartigen) mittelbaren Erkenntnis mit der unmittelbaren Erkenntnis. In seinem Beweis hat er gezeigt, daß es kein Kriterium für die Vernunftwahrheit einer unmittelbaren Erkenntnis geben kann. Ein solches ist nach Nelson auch nicht notwendig, da wir die Vernunftwahrheit unserer unmittelbaren Erkenntnisse mit dem *Selbstvertrauen der Vernunft* immer schon voraussetzen (und voraussetzen müssen). Nur die Verstandeswahrheit unserer mittelbaren Erkenntnisse (d. h. Urteile) kann also begründet werden, nicht jedoch die Vernunftwahrheit unserer unmittelbaren Erkenntnisse. Nelson behauptet nun, daß das *Kriterium* der Wahrheit von Urteilen in der unmittelbaren Erkenntnis liegt. Hier knüpfte Herrmann an, indem er zunächst feststellte, daß diese Behauptung falsch ist, da zwar der *Grund* für die Wahrheit eines Urteils in der unmittelbaren Erkenntnis liegt, das *Wahrheitskriterium* selbst aber ein Urteil ist, und anschließend vorführte, daß deshalb Nelsons Beweis gleichermaßen auf die Verstandeswahrheit zutrifft.

Das Nelsonsche Wahrheitskriterium ($K_N$) lautet gemäß Herrmanns Definition:

$K_N$: Eine mittelbare Erkenntnis $x$ ist verstandeswahr genau dann, wenn es eine unmittelbare Erkenntnis $y$ gibt, so daß $x$ $y$ wiederholt.

K$_N$ ist aber selbst ein Urteil, also eine mittelbare Erkenntnis, dessen Wahrheit man erst zu begründen hätte. Hierzu müßte eine unmittelbare Erkenntnis gefunden werden, die in K$_N$ wiederholt wird. Bei diesem Schritt wird aber bereits vorausgesetzt, daß folgendes Urteil wahr ist:
   K$_N$ ist verstandeswahr genau dann, wenn es eine unmittelbare Erkenntnis $y$ gibt, so daß K$_N$ $y$ wiederholt.
Dieses Urteil ist jedoch eine Instanz von K$_N$. Das heißt, um zu prüfen, ob K$_N$ ein wahres Urteil ist, müßte man K$_N$ selbst anwenden und somit die Wahrheit von K$_N$ schon vor dessen Prüfung voraussetzen. Der Zirkel, den Nelson für andere Wahrheitstheorien (z. B. Konsenstheorie, Evidenztheorie und pragmatische Wahrheitstheorie) nachgewiesen hat, trifft also auch auf sein Kriterium der Verstandeswahrheit zu.

In dem Vortrag »Fries in Hilberts Göttingen: die Neue Friessche Schule« schilderte *Volker Peckhaus* (Erlangen) im ersten Teil Nelsons schulbildendes Wirken in Göttingen, das dieser trotz Schwierigkeiten in seiner akademischen Laufbahn in erstaunlichem Maße entfalten konnte. Im zweiten Teil stellte er die Zusammenhänge zwischen der Göttinger mathematischen Grundlagenforschung und Nelsons Philosophie vor, die darin bestanden, daß Nelson einerseits mit der Kritischen Mathematik den Mathematikern eine philosophische Begründung der mathematischen Axiome anbot und andererseits versuchte, durch die Verknüpfung der axiomatischen Methode Hilberts mit der Friesschen regressiven Methode eine Methode des Philosophierens zu entwickeln, die mathematischen Anforderungen der Strenge genügte.[3]

Die weiteren Vorträge des Symposions waren: »E. F. Apelts Fries-Rezeption« (*Wolfgang Bonsiepen*, Bochum), »Zur Anwendung der Fries'schen Philosophie in der Botanik durch Schleiden« (*Olaf Breidbach*, Jena), »Schleidens Kritik an Schelling und Hegel« (*Ulrich Charpa*, Köln), »Fries über Philosophen des Witzes und Philosophen des Scharfsinns« (*Gottfried Gabriel*, Jena), »Die Psychische Anthropologie von Fries und ihre Auswirkung auf Schleidens Lehrkonzeption« (*Ilse Jahn*, Berlin), »Über das Verhältnis von Protophysik und Kant-Friesscher reiner Bewegungslehre« (*Peter Janich*, Marburg), »'Das Selbstvertrauen der Vernunft' (Fries) – 'Kritik des common sense' (Beneke)« (*Ulrich Lorenz*, Jena), »Fries' Beziehung zu Mathematik und Naturwissenschaft – Gestern und Heute« (*Klaus Mainzer*,

Augsburg), »Von der Physikotheologie zur Methodologie. Zur Transformation nomothetischer Teleologie bei Kant und Fries« (*Helmut Pulte*, Bochum) sowie »Philosophie der Mathematik bei Fries« (*Gert Schubring*, Bielefeld).

Das Ergebnis des Symposions könnte man kurz dahingehend zusammenfassen, daß die Beschäftigung mit Fries nicht nur philosophiehistorischen Wert hat, sondern sich auch unter systematischen Gesichtspunkten lohnt, bzw. noch kürzer: Fries' Philosophie ist auch heute noch aktuell. Die Vorträge können nachgelesen werden in den Proceedings zum Symposion, die unter dem Titel *Jakob Friedrich Fries als Philosoph, Naturwissenschaftler und Mathematiker. Verhandlungen des Symposions »Probleme und Perspektiven von Jakob Friedrich Fries' Erkenntnislehre und Naturphilosophie« vom 9.–11. Oktober 1997 an der Friedrich-Schiller-Universität Jena*, hrsg. von W. Hogrebe und K. Herrmann, Frankfurt a. M.: Verlag Peter Lang, voraussichtlich 1998 erscheinen werden.

Anmerkungen

1 Fries starb im Jahr 1843. – In diesem Zitat wird übrigens der Psychologismus durch einen Zirkel ersetzt.
2 Vgl. zum Thema dieses Vortrags Hubmanns Studie zu Fries: *Ethische Überzeugung und politisches Handeln. Jakob Friedrich Fries und die deutsche Tradition der Gesinnungsethik*, Heidelberg: Universitätsverlag C. Winter, 1997.
3 Der Themenkomplex dieses Vortrags ist umfassend dargestellt in: Volker Peckhaus: *Hilbertprogramm und Kritische Philosophie. Das Göttinger Modell interdisziplinärer Zusammenarbeit zwischen Mathematik und Philosophie*, Göttingen: Vandenhoeck & Ruprecht, 1990.

Gisela Raupach-Strey

# Nelsons Freundschaftsideal
# Nora Walter zum 75. Geburtstag

Das Ideal der Freundschaft behandelt Nelson in seiner Ideallehre (Ges. Schriften Bd. V), die wir im Lektüreseminar im Sommer 1997 in Berlin mit einer Gruppe von zehn TeilnehmerInnen gemeinsam gelesen haben. Ein kaum bekanntes, aber nicht uninteressantes Kapitelchen der Philosophie-Geschichte, und zudem eines, das recht typisch für Nelsons Denkweise ist. Vor allem der Vergleich mit Kant, an den Nelson selbst anknüpft, kann uns dies verdeutlichen.

Nelson greift Kants Bestimmung der Freundschaft auf: Freundschaft ist »die Vereinigung zweier Personen durch wechselseitige Achtung und Liebe«. Bei Kant wird allerdings die Liebe zuerst genannt, wie er auch sogleich zur Erläuterung »Teilnehmung und Mitteilung« selbst als Ideal bezeichnet. Kant nimmt also die Zwischenmenschlichkeit selbst in den Blick, was meistens auch unserem Vorverständnis von Freundschaft nahe liegt. Durch den moralisch guten Willen vereinigt, richtet sich sowohl das Gefühl wie die Sprache der Freunde auf das Wohl des jeweils anderen. Kant weiß, daß zur Vollkommenheit der Freundschaft »*gleiche wechselseitige* Liebe und Achtung« (Metaphysik der Sitten, § 46) gehören und interessiert sich dementsprechend für die Schwierigkeiten und Anfälligkeiten, beides in Balance zu halten. Probleme für dieses Gleichgewicht erkennt und erörtert er in mehrfacher Hinsicht: Zum einen fragt er sich, ob im einzelnen Subjekt selber Liebe und Achtung nicht gleichsam wie kommunizierende Röhren sind: wenn die eine zunimmt, nimmt die andere ab, und umgekehrt. Zum anderen besteht eine ähnliche Schwierigkeit zwischen den beiden befreundeten Menschen: während die Liebe anziehend wirkt, drängt die Achtung auf »Abstoßung«, auf geziemenden Abstand. Die moderne Formel von »Nähe und Distanz« findet sich hier schon präziser formuliert als Prozeß und als Prinzip. Sogar eine gegebene Rangordnung soll beachtet, nicht etwa nivelliert werden, denn nur so läßt sich das Gleichgewicht halten. Paradox könnte man sagen: die Anerkennung und Wahrung der Asymmetrie ist nach Kant Voraussetzung für die Symmetrie, die Wechselseitigkeit der Achtung. Weiter beschreibt er die Freundespflicht, auf Fehler aufmerksam zu machen, als fast uneinlösbar, ohne entweder aus der Achtung oder aus der Liebe herauszufallen, und zwar aus der Perspektive des Kritisierten wie des Kritisierenden. Ähnlich ist es hinsichtlich der Hilfe in der Not sowie des Annehmens von Wohltaten. Die Hilfe ist Ausdruck von Wohlwollen, kann aber zugleich die Achtung schmälern, insofern sie einem Hilfsbedürftigen gilt. Wird umgekehrt mit ihr gerechnet, schmälert dies die Liebe und instrumentalisiert die Freundschaft.

Den Ausweg aus den aufgezeigten Paradoxien sieht Kant in der moralischen Qualität der freundschaftlichen Verbindung. Sie bestimmt er als »das völlige Vertrauen zweier Personen in wechselseitiger Eröffnung ihrer geheimen Urteile und Empfindungen, soweit sie mit beiderseitiger Achtung gegeneinander bestehen kann« (ebd. §47). Die moralische Qualität bemißt sich für Kant also nicht an einem objektiven Grund außerhalb der Beziehung, vielmehr liegt sie in der Beziehung der befreundeten Personen selbst, in ihrer wechselseitigen persönlichen Offenheit und dem Vertrauen in die Zuverlässigkeit des jeweils anderen, das freiwillige Wagnis der Eröffnung nicht durch Mißbrauch zu enttäuschen. So wird verständlich, daß für Kant Freundschaft beides ist: Pflicht *und* Ideal. Verpflichtet ist jeder Mensch zum moralisch guten Willen untereinander als Bedingung der Glückswürdigkeit; die Vollkommenheit aber, in der aufgrund der Moralität (der vertrauensvollen Offenheit) Liebe und Achtung in jeder Hinsicht ausbalanciert sind, ist ein fast nicht erreichbares Ideal.

Nelson lehnt als Eingangsüberlegung eine Pflicht zur Freundschaft gerade ab. Kants Überlegung, daß der Mensch auf Gemeinschaft mit anderen Menschen angelegt sei, läßt Nelson nur insoweit gelten, als er Gemeinschaft als Bedingung der Möglichkeit sittlichen Handelns zugesteht, zugleich aber nichtsdestoweniger auch unsittlichen Handelns. Das aller Moralität vorausliegende und von Kant gewissermaßen in Kultur genommene elementare seelische Bedürfnis nach menschlicher Gemeinschaft thematisiert Nelson nicht.

Es fällt schon auf, daß Nelson, der immerhin auch einmal Begründer des ISK (Internationalen Sozialistischen Kampfbundes) gewesen ist, den Stellenwert der Gemeinschaft in diesem Zusammenhang nicht besonders hoch veranschlagt, vielmehr nur als Mittel im Dienst des einzelnen sieht. Es könnte einem der Hinweis auf die Negativ-Erfahrungen im real existierenden Sozialismus einfallen; sie wären jedoch kein Argument, weil aus dem Sein nicht auf ein Sollen oder gar das Menschenbild im ganzen geschlossen werden kann. Wenn Nelson den Wert des Individuums höher stellt als den der Gemeinschaft (§ 98), so ist dies in der Wertschätzung der moralischen Selbstbestimmung begründet, die er andernfalls verletzt sehen müßte. Ethische Aufgaben können sich nur an den Willen des einzelnen richten.

Für Nelson ist Freundschaft auf Vernunft gegründet; fast legt sich der Gedanke nahe: Nur *wenn* sich Feundschaft auf Vernunft gründet, scheint sie für Nelson erlaubt – andere Formen von Freundschaft klammert er im Ansatz aus. Sinnlichkeit oder Interessen, gemeinsamen Umgang, gemeinsame Erfahrungen oder gemeinsame Hoffnungen denken wir üblicherweise als Basis für Freundschaften mit. Bei Nelson haben solche Faktoren ihren Platz in einer Freundschaft nur, wenn sie als Mittler der Vernunft dienen. Eine ästhetische Qualität gesteht er der Gemeinschaft gleichwohl zu; aber ihr *ethischer* Wert leitet sich ab aus dem Ideal der Bildung. Bildung heißt für Nelson »Vernünftigkeit des Lebens«, und das Hervorbringen von Schönem, in diesem Falle einer schönen Gemeinschaft, *dient* der Vernünftigkeit des Lebens. Aufgegeben ist die Förderung von Gemeinschaft dem einzelnen jedoch nur soweit, wie Vernunft in der Wechselbeziehung der einzelnen in Erscheinung tritt (§ 100). Gemeinschaftsförderung, zu der Freundschaft als höchste Form gehört, ist demnach für Nelson keine Pflicht, sondern ein Ideal: möglich, erstrebenswert, aber nicht notwendig.

Zur Bestimmung von Freundschaft selbst greift Nelson die Elemente Achtung und Liebe von Kant zwar auf, versteht sie aber nicht wie dieser selbst schon als Ideal, sondern lediglich als Bedingungen von Freundschaft, die er in seiner Interpretation zudem auf ihre sittliche Dimension beschränkt: Achtung ist Vertrauen auf die Zuverlässigkeit des anderen und daher Achtung seines sittlichen Charakters; Liebe ist positive Schätzung des anderen als einer wertvollen Persönlichkeit,

d. h. einer solchen, die über die Pflichterfüllung hinaus geistig selbsttätig ist. Bei beiden Bedingungen geht es also nicht um den anderen als anderen Menschen, sondern als sittliche Persönlichkeit. Nelson mißt gewissermaßen den anderen an einem außerhalb von ihm und von der Beziehung liegenden, objektiven Maßstab: der Sittlichkeit als Freundschaftswürdigkeit. – Demzufolge kann Freundschaft von Nelson niemals als Selbstzweck gedacht werden. Sie wird dem Ideal der Selbstbildung wie der Bildung des anderen untergeordnet und das Bildungsideal wiederum dem Ideal der Schönheit im allgemeinsten Sinne. – Es schien uns problematisch, das Gemeinsame der Freundschaft grundsätzlich in einen solchen externen Bezugspunkt (Sittlichkeit) zu verlagern. Zum einen besteht die Gefahr, Freundschaften zu instrumentalisieren derart, daß die Ideale über die Menschen, ihre freie Entscheidung und ihre persönliche Beziehung gestellt werden. Zum zweiten bekommt Nelson damit die persönliche Färbung, die Singularität jeder echten Freundschaftsbeziehung zwischen zwei Menschen nicht in den Blick. Für ihn scheint Freundschaft ausschließlich Fall eines Allgemeinen zu sein.

Daß Liebe (als Teil der Freundschaft) sich auf den anderen als sittliche Persönlichkeit richtet, arbeitet Nelson seinerseits schärfer als Kant heraus: Er grenzt sie ab von der Sympathie, die bloß eine sinnliche Neigung darstellt, und Mitleiden und Mitfreude für die zufälligen faktischen Interessen des anderen. Liebe richtet sich dagegen auf das wahre Interesse des anderen, wobei er noch einmal unterteilt in Wohlgefallen und Wohlwollen. Letzteres ist der Antrieb, den Wert des anderen in Richtung auf sein wahres Interesse zu erhöhen, wobei Nelson allerdings die Gefahr der Bevormundung reflektiert. Die allgemeine Menschenliebe, auf die er exkursartig eingeht, »verbietet es also, daß man offen oder versteckt die Menschen zur Befriedigung ihrer angeblich wahren Interessen zwingt« (§ 108). Wahrheitsliebe, Wechselseitigkeit, Aufklärung der wahren Interessen und Bekämpfung des Hassenswerten (womit er so etwas wie niedrige Gesinnung meint) sind daher wesentliche Elemente der allgemeinen Menschenliebe. – Mir scheint es nicht von ungefähr, daß Nelson von der Freundschaft her auf die allgemeine Menschenliebe zu sprechen kommt. Da er Freundschaft kaum als eine singuläre persönliche Beziehung versteht, stellt er sie vielmehr sogleich in einen universellen, ethischen

Rahmen. Auf den anderen in seiner Individualität kommt es ihm gar nicht an, sondern nur auf den Grad seiner Entsprechung zur Idee der Bildung. Und auf die Erhöhung des Bildungsgrades beim anderen und dadurch auch bei sich selbst scheint sich Nelsons forciertes Interesse zu richten. Auch Kant kommt am Schluß seiner Freundschaftsanalyse auf den »Menschenfreund« überhaupt zu sprechen; während er den Philanthropen auf das bloße Wohlwollen festlegt, ist der Menschenfreund zum Wohltun gegenüber jedem Menschen (wie einem Bruder) verpflichtet. Aber bei Kant soll diese allgemeine Pflicht gerade vor pharisäischem Stolz bewahren. Bei Nelson hat man dagegen eher den Eindruck, als ob nur durch den universellen ethischen Rahmen Freundschaft erst eine Rechtfertigung erführe, die er ihr in sich gar nicht zubilligen kann.

In den letzten drei Paragraphen des Freundschafts-Kapitels entwickelt Nelson dann aber doch, worin er über diese theoretische Ortsbestimmung hinaus das Wesentliche der Freundschaft sieht: im gemeinsamen Handeln für objektive, ideale Zwecke. »Praktische Gemeinschaft als Tätigkeit für gemeinsame Zwecke muß zur gegenseitigen Achtung und Liebe hinzukommen, um der Freundschaft ihre volle Bedeutung zu geben.« (§ 109) Freundschaft hat einerseits eine geistige Basis: das gegenseitige Einverständnis über die idealen Zwecke, die als objektiv gedacht werden. Andererseits erschöpft Freundschaft sich nicht in Theorie, sondern drängt auf Praxis, auf das gemeinsame Hinwirken auf die Verwirklichung der Zwecke, hinsichtlich der Übereinstimmung besteht. Diese dürfen – die Gedankenführung ließ es schon erwarten – keine untergeordneten Privatzwecke sein, sondern müssen objektiv ideale Endzwecke sein. Die Objektivität der idealen Zwecke erscheint Nelson notwendig zu fordern, damit Gemeinsamkeit der Ideale und auch der lebenspraktischen Beurteilung, was jeweils diesen Idealen dient, gewährleistet ist. Die Einsicht in das objektiv richtige Leben ist eine Frage der Bildung. Daher gibt es in Nelsons Vorstellung auch korrespondierend zum Bildungsgrad, auf dem die Übereinstimmung der Überzeugungen erreicht wird, Abstufungen der Freundschaft. Unterschiede in Beruf und Geschlecht sind für Freundschaften sekundär.

In der Konsequenz seines Ansatzes liegt es denn auch, daß Nelson das

Ideal der Freundschaft nicht auf eine Zweier-Beziehung beschränkt, sondern auf einen Freundeskreis ausweitet. Es leuchtet zunächst ein, daß eine Beschränkung der Freundschaft gar nicht sinnvoll ist, wenn ihre Basis gemeinsame Endzwecke zudem objektiver Art sind, denn an diesen kann ja dann prinzipiell jeder teilhaben und an ihrer Verwirklichung mitwirken. Auf dieser Linie ließe sich sogar argumentieren, daß mit zunehmendem Bildungsgrad sich der Freundeskreis ausweitet, bis er idealiter die Menschheit umfaßt. – Dennoch verliert Nelson hier die persönliche Dimension von Freundschaft aus dem Blick. Er überprüft wohl, ob die Extensität der Freundschaft nicht zu Lasten der Intensität geht; kommt aber zu einer Verneinung. Sein Argument ist eine Art Transitivitätsgesetz der Freundschaft: Wenn A dem B vertraut und B dem C vertraut, dann gebe es keinen Grund, daß in der gleichen Sache nicht auch A dem C vertraue. Die Bedingung für einen Freundeskreis sei, daß jede Person mit jeder anderen in einem Verhältnis der Freundschaft stehe. – Diesem Gedanken vermochten wir in unserem Lektüreseminar nicht zu folgen: Zum einen vernachläßigt hier Nelson selbst den Gedanken der Gradabstufung, der sich im jeweiligen Zweier-Verhältnis doch bemerkbar machen würde: es ist keineswegs zwingend, daß eine vertrauliche Mitteilung gegenüber einem Mitglied des Freundeskreises auch gegenüber jedem anderen Mitglied möglich ist. Vertrauen ist offenkundig nicht nur eine Frage der objektiven Ideale, sondern auch subjektiven Faktoren unterworfen. Außerdem läßt sich die Bereitschaft, Vertrauen aufzubringen, nicht »ausrechnen«, dies widerspricht gerade Nelsons eigenem Selbstbestimmungsideal. An einer solchen Stelle zeigt sich besonders deutlich, daß Nelson wohl eher an eine politische Organisation dachte und nicht nur an einen Kreis gleichgesinnter Freunde, wie wir ihn sonst verstehen: mit unterschiedlichen internen Beziehungen und auch offenen Rändern. Nur wenn nicht die Personen im Zentrum der Freundschaft stehen, sondern eine gemeinsame Sache wie der Kampf für ein bestimmtes, qua Vernunft einsichtiges politisches Anliegen, machen seine Überlegungen Sinn.

Damit zeigt sich die politische Dimension als ein Schlüssel zu Nelsons Auffassung von Freundschaft. Ohne sein politisches Engagement im Hintergrund könnte Nelsons Freundschaftsverständnis in einigen Zügen fast absurd erscheinen, als eines, das in der Gefahr steht, die

Freunde zu mediatisieren, als Vermittlungsfaktoren für die gemeinsamen Ideale einzusetzen. Aber vielleicht hat uns unser Vorverständnis von Freundschaft als einer singulären Begegnung zwischen konkreten Individuen den Zugang auch etwas verstellt. Können wir auf gemeinsame Ideale verzichten, insbesondere in einer Demokratie? Mir scheint in diesem Zusammenhang interessant, daß Nelson mit seinem Freundschaftsideal noch einen anderen als den kantischen Strang der abendländischen philosophischen Ethik-Tradition aufgreift, nicht ausdrücklich und wahrscheinlich nicht bewußt, aber faktisch: Aristoteles.

Aristoteles unterscheidet unvollkommene Freundschaften, die sich auf Lust oder auf Nutzen gründen, von vollkommenen Freundschaften, die sich auf die Trefflichkeit des Charakters beziehen. (Nikomachische Ethik, Buch VIII, IX). »Vollkommene Freundschaft ist die der trefflichen Charaktere und an Trefflichkeit einander Gleichen. Denn bei dieser Freundschaft wünschen sie einer dem anderen in gleicher Weise das Gute, aus keinem anderen Grunde als weil sie eben trefflich sind, und trefflich sind sie 'an sich', wesensmäßig [...] Denn die Trefflichen sind sowohl trefflich an sich als auch füreinander von Nutzen. Und in gleicher Weise sind sie einander auch angenehm, denn sowohl an sich sind die Trefflichen angenehm als auch füreinander.«

In diesem Sinne ist es ja nicht unberechtigt, das Wesentliche der Freundschaft in der sittlichen Dimension zu sehen, der gegenüber Lust und Nutzen niedriger rangieren. Das entspricht sogar unserem üblichen Freundschaft-Verständnis, aber auch den Stufen moralischer Urteilsbildung, die in unserem Jahrhundert in der psychologischen Forschung festgemacht wurden (Kohlberg). Aristoteles bezieht sich zwar im Unterschied zu Nelson nicht auf objektive sittliche Ideale, sondern auf die sittlichen, »trefflichen« Menschen selbst, und wäre in diesem Punkt der kantischen Analyse näher. Andererseits ist die vollkommene Freundschaft durch den *nous* bestimmt, d.h. der Geist, eine geistige Ordnung stellt die Harmonie in der einzelnen Seele wie zwischen den Freunden her. Und daraus ergibt sich für Aristoteles als spezieller Fall der vollkommenen Freundschaft die politische, Solidarität stiftende Freundschaft. Sie wird konstituiert durch die Eintracht (*homonoia*) der Polisgemeinde, »wenn die Bürger über die gemeinsamen Interessen eines Sinnes sind, wenn sie sich zu einmütigem Handeln entschließen und die gemeinsamen Beschlüsse durchführen.« (Nik. E. 1167a) Dieses Verständnis von Freundschaft als politischer Tugend wird gegenwärtig im sog. »Kummunitarismus« wieder aufgegriffen als »die gemeinsame Sorge um Güter, die Güter beider sind und daher keinem von ihnen ausschließlich gehören« (A. MacIntyre). Dieser Typ der politischen Freundschaft wurde jüngst von Barbara Brüning herausgearbeitet, wobei sie u. a. die Freundschaft zwischen Giscard d' Estaing und Helmut Schmidt als exemplarisches Beispiel heranzieht (»Einen Scheffel Salz zum Bündnis« in: Ethik & Unterricht, 1/98). »Das Sich-Aufeinander-Verlassen-Können bildet das Grundgerüst des Zusammenlebens« schreibt sie, und auf diesem Hintergrund ist es gerade gesellschaftskritisch zu betrachten, daß in den modernen Industriegesellschaften Freundschaft in die Privatsphäre verbannt worden ist. Indirekt hat Nelson die Zeitkritik vorweggenommen.

So wendet sich unsere Einschätzung von Nelsons Freundschafts-Ideal. Kant schien uns mit seiner Bestimmung von Freundschaft deren Idee, so wie sie weithin in unserem Vorverständnis aufzufinden ist, umfassender eingefangen zu haben, und – obwohl er Königsberg nie verlassen haben soll – vor allem mit seiner schonungslosen Analyse der Schwierigkeiten dem Phänomen der Freundschaft in der empirischen Bandbreite seiner Unvollkommenheiten besser gerecht zu werden als Nelson. Nelson verengt demgegenüber die Betrachtung der Freundschaft auf das Ideal und innerhalb eines Spektrums möglicher Ideale (seine Überschrift signalisiert noch einen Plural, den er gar nicht meint) auf einen ganz bestimmten Typ, den er als einzigen sieht oder den nach seiner Auffassung die Vernunft als einzigen zulassen kann. Zu Nelsons zentralem Lebensmotiv, was die Vernunft eingesehen hat, auch in die Praxis umzusetzen, würde dies passen. Diese Einseitigkeit läßt sich jedoch in zeitkritischer Absicht auch als Stärke interpretieren: Denn dieser Typ von Freundschaft, der sich noch jenseits von Sympathie oder anderen Gemeinsamkeiten einer gemeinsamen, öffentlichen (»politischen«) Sache verpflichtet weiß und auf diesem Umweg auch dem Kreis derer, die sich der gleichen gemeinsamen Sache verpflichtet wissen, ist heutzutage nicht nur empirisch selten; er widerstreitet auch dem Zeitgeist der »patchwork-Biographien«, für die sich Verbindlichkeiten schwerlich bestimmen lassen. Wenn wir die Freundschaft mit ihrer politischen verpflichtenden Dimension nicht als die einzige verstehen, ist es Nelsons Verdienst, auf *diese* Form von Freundschaft, an der gegenwärtig sicher eher Mangel besteht und die uns nottut, durch seine Analyse aufmerksam gemacht zu haben.

Eine Anmerkung zum Freundschafts-Thema darf nicht unterschlagen werden: Wer etwa noch Schwierigkeiten haben sollte, sich Nelsons Freundschaftsideal klar zu machen, braucht nur an Nora Walter zu denken – wir haben es bei der Nelson-Lektüre ausprobiert: in ihrer Lebensweise, ihrer Hingabe an die Philosophisch-Politische Akademie, ihrer Pflege von Freundschaften über viele Grenzen hinweg ist es geklärt!

*Berlin, 3. August 1998*

# Berichte und Informationen

# Sokratische Gespräche und Veranstaltungen der GSP

Im Juni 1997 fand in Berlin unter Leitung von Gisela Raupach-Strey ein Lektüreseminar statt, dessen Teilnehmerinnen und Teilnehmer sich mit Nelsons Ideallehre auseinandersetzten. Da der umfangreiche Text nicht an einem Wochenende bewältigt werden konnte, fand eine Fortsetzung im August 1997 statt.

Ein weiteres Lektüreseminar leitete Gisela Raupach-Strey im Juli 1998 in Berlin. Diesmal wurde an Nelsons Pädagogik gearbeitet. Auch diese Arbeit soll im Sommer 1999 fortgesetzt werden.

Im April 1997 fand unter Leitung von Nora Walter im Institut für Höhere Studien in Wien ein Sokratisches Seminar zum Thema »Was bedeutet verantwortliches Handeln im Alltag?« statt. Teilnehmerinnen und Teilnehmer waren postgraduierte Studenten der Soziologie des Instituts.

Ute Hönnecke leitete bei der Jahrestagung 1997 der Deutschen Gesellschaft für Logotherapie und Existenzanalyse e.V. in einem Seminar »Gemeinsam auf der Suche im Sokratischen Gespräch« eine Gruppe mit dem Thema »War es nur ein Augenblick?«

Im Winter 1997/98 fanden in Bremen wieder wöchentliche Sokratische Gespräche unter Leitung von Ute Hönnecke statt, diesmal zum Thema: »Welchen Einfluß hat Selbstverwirklichung auf Freundschaft?«

Durch private Initiative fanden sich Interessenten zu Sokratischen Gesprächen an Wochenenden zusammen, so in Hannover unter Leitung von Nora Walter im Juni 1997 zum Thema »Welche Bedeutung hat Arbeit für unser Leben?« und im Juni 1998 zum Thema »Sollen wir immer Rücksicht nehmen?« – Im November 1997 arbeitete eine Gruppe in Münster/Westf. unter Leitung von Mechthild Goldstein am Thema »Grenzen der Toleranz«.
Vom 6. bis 8. Juni 1997 leitete Ingrid Delgehausen in der Akademie Frankenwarte in Würzburg ein Sokratisches Gespräch mit einer Frauengruppe zum Thema »Was ist Freiheit?«
Eine erfreuliche Erfahrung für alle Beteiligten war ein Sokratisches

Gespräch in der Arbeitsgemeinschaft eines 2. Schuljahrs einer Grundschule, das Ingrid Delgehausen im ersten Halbjahr 1997 leitete zum Thema »Was ist Freundschaft?«

In Berlin fanden auf Initiative von Horst Gronke bzw. unter seiner Leitung in den letzten beiden Jahren eine Fülle von Veranstaltungen statt, die auf verschiedene Weise zum Verständnis der Sokratischen Methode und ihrer Einübung beigetragen haben. Zu nennen sind:

An der Freien Universität Berlin:
- Fortbildungsveranstaltungen für wissenschaftliche Mitarbeiterinnen und Mitarbeiter der FU zusammen mit Dr. Joachim Stary von der Arbeitsstelle für Hochschuldidaktische Fortbildung und Beratung, 21./22. Juni 1997 und 10./11. Juli 1998; Thema: »Das Sokratische Gespräch. Eine dialogische Lehr- und Lernform«, mit einem Sokratischen Gespräch zum Thema: »Was heißt es, gut zu unterrichten?«. Außerdem wurden kleineren Übungseinheiten zur Leitung sokratischer Dialoge durchgeführt.
- Proseminar am Universitätsklinikum Benjamin Franklin zusammen mit Prof. Dr. Arne Kollwitz im Wintersemester 1997/98 zu medizinethischen Problemen mit Sokratischen Gesprächen zu den Themen »Kann Leiden sinnvoll sein?« und »Autorität haben – autoritär sein. Wo liegen die Unterschiede?«
- Proseminar am Institut für Philosophie der FU im Sommersemester 1998 zum Thema »Sokratik und Neosokratik. Zu Theorie und Praxis des rationalen Diskurses in Geschichte und Gegenwart« (mit Sokratischen Gesprächseinheiten)
- Betreuung der von Ulrike Gromadecki, Bärbel Jänicke und Sabir Yücesoy konzipierten und durchgeführten Projekttutorien im Wintersemester 1997/98 und Sommersemester 1998 zum Thema »Philosophieren im Dialog. Die Sokratische Methode. Eine alternative Form des Seminargesprächs.« (Fortsetzung unter dem Titel »Lernen ohne Belehrung« im Wintersemester 1997/98 und Sommersemester 1999)
- Gastlehrveranstaltung von Jens Peter Brune (in Zusammenarbeit mit Horst Gronke) am Otto-Suhr-Institut der FU Berlin: Sokratisches Gespräch zum Thema »Was ist Wissenschaft?« im Rahmen eines Seminars von Dr. Joachim Kreis zur Politikwissenschaft
- Betreuung der Arbeitsgruppe »Sokratisches Gespräch« in der kulturpolitischen Initiative Kopfwerk Berlin e.V.: Sokratische Gespräche (mit wechselnder Leitung) im Sommer 1997 zum Thema »Was ist

Freundschaft?« und im Wintersemester 1997/98 zum Thema »Wann sollen wir Autorität anerkennen?«
- Betreuung der AG «Speaker´s Corner« von Kopfwerk Berlin e.V.: Sokratisches Gespräch in englischer Sprache zum Thema: »What does travel mean to us?« von November 1997 bis Mai 1998.

Beim Frühjahrssymposium »Menschen und Unternehmenswerte. Konflikte zwischen Kant und Kohle« der Gesellschaft zur Förderung Anwendungsorientierter Betriebswirtschaft und Aktiver Lehrmethoden in Hochschule und Praxis e.V. am 8./9. Mai 1998 führte Horst Gronke gemeinsam mit Thomas Kegel einen zweistündigen Workshop mit einem »Sokratischen Zwiegespräch« und einem »Dilemmagespräch« durch.

Ferner leitete Horst Gronke Seminare in der Abteilung Philosophie der pädagogischen Fakultät der Universität zu Köln:
- im Wintersemester gemeinsam mit Uwe Nitsch: »Das Sokratische Gespräch. Dialog als praktisch-pädagogisches Handeln« (Mit einem Sokratischen Gespräch zum Thema »Was kennzeichnet gutes pädagogisches Handeln?«
- im Sommersemester 1998: »Erziehung zum Selbstvertrauen der Vernunft: Die Neosokratische Unterrichtsmethode im Kontext der modernen Bildungsdiskussion« (mit sokratischen bzw. sokratisch orientierten Gesprächseinheiten)

Ute Siebert hielt 1997 Seminare im Zusammenhang mit Personalentwicklungsmaßnahmen der Hessischen Landesregierung/Fortbildung von Führungskräften. Die Methode des Sokratischen Gesprächs wurde in die jeweils einwöchigen Seminare integriert.

Zum Thema »'Ich fliege', sagte der Stein, denn er vergaß, daß er geworfen wurde« führten Studenten der Arbeitsgruppe »Mediation« der »Berghof Stiftung für Konfliktforschung« in deren Räumlichkeiten in Berlin vom 21. bis 23. Februar 1997 ein sokratisches Wochenendseminar durch. Geleitet wurde es von Klaus Draken unter Begleitung seiner Ausbildungsmentorin Gisela Raupach-Strey.

Vor einem Kreis von Philosophielehrerinnen und -lehrer im Bergischen Land, die sich zur »Methodenwerkstatt Philosophie« zusammengeschlossen haben, erläuterte Klaus Draken am 14. August und 11. September 1998 in Solingen Prinzipien und Ziele des Sokratischen Gesprächs.

In Bochum hielt Klaus Draken am 29. September 1998 vor den Teilnehmerinnen und Teilnehmern einer qualifikationserweiternden Maßnahme des Regierungsbezirks Arnsberg einen Vortrag über das Sokratische Gespräch und die Möglichkeiten und Grenzen seines Einsatzes im Unterricht »Praktische Philosophie«.

Ende Oktober 1998 nahmen Ethiklehrerinnen und -lehrer aus Sachsen-Anhalt an zwei Tagen an Sokratischen Gesprächen teil, die Gisela Raupach-Strey und Klaus Draken im Rahmen eines Workshops am LISA in Halle leiteten. Nach einem einführenden Vortrag wurde in kleinen Gruppen zum Thema »Was ist der Unterschied zwischen Wahrheit und Gewißheit?« sokratisch gearbeitet; in einem abschließenden Vortrag wurden Chancen und Grenzen der Methode für den Unterricht erwogen.

Anfang November 1998 fand in Wuppertal eine Blocktagung der Fortbildungsgruppe »Praktische Philosophie« im Regierungsbezirk Düsseldorf statt. Mit Vorträgen zur Methode, Geschichte und schulischer Verwendungsmöglichkeit war die Veranstaltung vor allem der praktischen Durchführung und Erprobung der Sokratischen Methode gewidmet. Mit Gisela Raupach-Strey, Ute Siebert und Klaus Draken als Referenten/Gesprächsleiter konnten die teilnehmenden Lehrerinnen und Lehrer sich praktisch und theoretisch mit der Methode auseinandersetzen. Die Themen »Wie können wir Wahres von dem unterscheiden, was wir für wahr halten?«, »Gehört Strafen zum Erziehen?« und »Wieviel Ehrlichkeit verträgt der Mensch?« ermöglichten Gesprächserfahrungen zu einem erkenntnistheoretischen, einem pädagogischen und einem ethischen Thema. Den Abschluß bildete eine interessante und konstruktive Diskussion zu Sinn und Verwendungsmöglichkeiten der Methode für das neue Fach »Praktische Philosophie« in Nordrhein-Westfalen.

Vom 29. bis 30. Oktober 1999 führte Klaus Draken ein Sokratisches Gespräch mit Mitgliedern der »Methodenwerkstatt Philosophie« durch. Das Thema war: »Wieviel Ehrlichkeit verträgt/braucht der Mensch?«

Ende September 1999 führte Barbara Neißer mit ReferendarInnen des Faches Philosophie am Studienseminar Köln ein zweitägiges Sokratisches Gespräch durch. Das Thema lautete: »Wozu brauchen wir Ideale?«.

In Fortsetzung der Internationalen Tagung im Sommer 1996 in Hill-croft, England, fand im August 1998 in Leusden bei Amersfort, Niederlande, eine von den niederländischen Sokratikern organisierte internationale

Konferenz statt unter dem Titel »The Dutch Experience«. Die Philosophisch-Politische Akademie/Gesellschaft für Sokratisches Philosophieren und die britische Society for the Furtherance of Critical Philosophy haben die Konferenz gefördert, die in englischer Sprache stattfand. Die etwa 50 Teilnehmerinnen und Teilnehmer kamen aus acht verschiedenen Ländern, 15 von ihnen aus Deutschland. In der ersten Wochenhälfte wurde in vier Gruppen sokratisch gearbeitet, neben zwei niederländischen Gesprächsleitern leiteten auch Rene Branton und Dieter Krohn je eine Gruppe. Die zweite Wochenhälfte war vor allem den Workshops gewidmet, bei denen u.a. Themen wie »Socratic Dialogue 'businesslike'«, »Dilemmatraining, an application of Socratic Dialogue«, »Finding a judgement with which regressive abstraction starts«, »The role of the facilitator in the beginning of the regressive abstraction«, »Rules for Metadialogue« behandelt wurden. In einer Abendveranstaltung wurde der Artikel von Ute Siebert »McDonaldisierung des Sokratischen Gesprächs?« thematisiert, an einem anderen sprach Fernando Leal über »The relation between value conflicts and the Socratic dialogue«. Karel van der Leeuw hielt einen Vortrag mit dem Titel »Socratic dialogue, search for truth, and attitude in life«. Die Tradition der Internationalen Sokratischen Konferenzen soll fortgesetzt werden.

»Sokratisches Gespräch – Themenzentrierte Interaktion. Getrennte Wege – gemeinsame Wurzeln?«, unter diesem Titel fand vom 6. bis 8. November 1998 in Würzburg eine Wochenendtagung unter der Leitung von Barbara Neißer und Norbert Korte statt. An dieser Tagung nahmen Vertreter der GSP und der Themenzentrierten Interaktion teil. Durch Texte, Vorträge und Berichte hatten sie die Möglichkeit, sich über die jeweils andere Organisation zu informieren und in kurzen Arbeitssitzungen erste Erfahrungen mit den beiden Arbeitsweisen zu gewinnen. Eine Fortsetzung zum besseren Kennenlernen und eventuellen Zusammenarbeiten wurde positiv beurteilt.

Im Januar 1999 führte die GSP gemeinsam mit dem Landesinstitut für Schule und Weiterbildung in Soest (NRW) eine Tagung durch, die das Sokratische Gespräch bei den ModeratorInnen und LehrerInnen im Schulversuch »Praktische Philosophie« (über die Initiativen einzelner hinaus) bekannt machen sollte.

Im Verlauf des Jahres 1999 wurden an verschiedenen Orten in NRW Sokratische Gespräche im Rahmen der Lehrerfortbildung durchgeführt. Über die Erfahrungen mit dem Sokratischen Gespräch in der Lehrerfortbildung wird in einem der folgenden Bände dieser Reihe ausführlich berichtet werden.

Jaroslav Novotny

# Das Sokratische Gespräch – eine besondere Seminarform
(Aus der Sicht eines Teilnehmers)

Im Frühjahr, vom 13. Bis zum 16 Mai 1999, ergab sich die Gelegenheit auf Einladung des Philosophischen Institutes der Karls-Universität in Prag mit Studenten unterschiedlicher Fachrichtungen und weiteren Interessenten zum ersten Mal ein Sokratisches Gespräch in Tschechien durchzuführen.

Vier Tage lang arbeitete eine neunköpfige Gruppe junger Menschen aus drei Ländern, zu denen auch Jaroslav Novotny gehörte, gemeinsam in deutscher Sprache an einer mathematischen Fragestellung.

Das Gespräch fand in Horny Hbity, einem kleinen, abgelegenen Dorf, etwa 50 km außerhalb von Prag, in den Gebäuden einer idyllisch gelegenen ehemaligen Wassermühle statt. Der Ort bot ideale Bedingungen sowohl für die intensive Arbeit am Thema als auch für gemeinsame Freizeitaktivitäten und den persönlichen Austausch der Teilnehmenden.

Die Resonanz auf diese Veranstaltung bei den Teilnehmenden war außerordentlich positiv, so daß die Durchführung weiterer Sokratischer Gespräche in Tschechien verabredet wurde.

Dieser Text ist eine Reflexion über die Teilnahme an einem sogenannten »Sokratischen Gespräch«, das von einem deutschen Gesprächsleiter geleitet wurde. Ein Sokratisches Gespräch ist ein intensives Diskussions-Seminar, das nach einer bestimmten Methode geleitet wird und es den TeilnehmerInnen ermöglicht, sich auf die gestellte Aufgabe zu konzentrieren und dadurch den Zerfall des Diskussion zu vermeiden. Darüber hinaus eröffnet es neue Perspektiven, die in mehrfacher Hinsicht über den Rahmen der eigentlichen Aufgabe hinaus weisen und den TeilnehmerInnen Raum für Selbstreflexion und eigenes Nachdenken eröffnen.

Im folgenden Text will ich versuchen, diesen Typ von Seminar aus der Sicht eines Teilnehmers darzustellen. Ich beschreibe die Einführung zu dem Gespräch, charakterisiere seinen Verlauf, weise auf die impliziten und expliziten Ergebnisse der Arbeit hin und versuche die Ziele des Sokratischen Gesprächs insgesamt zu betrachten.

Das Sokratische Gespräch ist eine zusammenhängende Veranstaltung, die sich über mehrere Tage erstreckt und einem bestimmten Zeitplan folgt.

Das Gespräch in der Gruppe von zehn TeilnehmerInnen begann mit der Vorstellung aller Teilnehmenden. Der Gesprächsleiter stellte sich zuerst vor, danach die anderen TeilnehmerInnen; dann machte der Gesprächsleiter einige grundlegende Prinzipien des Sokratischen Gesprächs deutlich, nannte die wichtigsten Regeln und schließlich die Aufgaben, an denen die Gruppe arbeiten sollte.

Die Prinzipien und Regeln bilden den Rahmen des Gesprächs, sie sind eine Art »Spielregeln«, in denen sich die Teilnehmenden bewegen sollen, und sie gewährleisten, daß das Gespräch zu einem sinnvollen Ergebnis führt. Diese Regeln sind – abgesehen von der Motivierung zur aktiven Teilnahme – vor allem einschränkend.

Der/Die TeilnehmerIn darf nur seine/ihre eigenen Gedanken aus-drükken, die Berufung auf Autoritäten gilt nicht als Argument. Die Beiträge und Einwände der Teilnehmenden dürfen sich nur auf das Problem beziehen, das gerade besprochen wird. Man soll sich klar ausdrücken, kurz und nur über eine Sache sprechen, so daß das Gespräch nicht gefährdet wird. Man kann sich nicht nur auf seine eigenen Gedanken konzentrieren, sondern muß sich bemühen, auch die Gedanken der anderen zu verstehen. Ein anderer wichtiger Gesichtspunkt ist folgender: Der/Die Teilnehmende des Gesprächs soll darüber reflektieren, was er/sie erfahren hat; das heißt u.a., er/sie soll jeden Zweifel zur Sprache bringen, soll stets fragen, wenn er/sie etwas nicht verstanden hat und deutlich machen, wenn er/sie seine/ihre Meinung geändert hat oder von den Argumenten anderer überzeugt worden ist. (Es geht nämlich nicht darum, die eigenen Gedanken durchzusetzen! Dies Gespräch ist keine Rhetorikübung.) Ein weiteres wichtiges Prinzip ist, daß alle allgemeinen und abstrakten Äußerungen (besonders philosophische und ethische) an einem konkreten und für jeden nachvollziehbaren Beispiel überprüft werden müssen. Keine diskutierte Frage kann abgeschlossen werden, so lange es darüber noch unterschiedliche Verständnisse in der Gruppe gibt. Andererseits muß das Gespräch unterbrochen werden, falls es wegen gegensätzlicher Meinungen nicht fortgesetzt werden kann.

Nachdem der Gesprächsleiter die Grundsätze und Regeln des Gesprächs bestimmt hatte, nannte er die Aufgabe, die die Gruppe so lösen sollte, daß jede/r der Lösung zustimmen konnte. Unsere Aufgabe stammte aus dem Gebiet der Geometrie. Gegenstand unseres Interesses waren Vielecke, deren Eckpunkte auf den Kreuzungspunkten eines (quadratischen) Gitternetzes liegen. Für jedes solches Vieleck läßt sich die Anzahl der Gitternetzpunkte auf dem Rand und die Anzahl der Gitternetzpunkte im Innern des Vielecks bestimmen. Die Fragestellung setzt einen gesetzmäßigen Zusammenhang zwischen dem Flächeninhalt des Vielecks, der Anzahl der Gitternetzpunkte auf dem Rand und der Anzahl der Gitternetzpunkte im Innern des Vielecks voraus. Unsere Aufgabe war es, diesen Zusammenhang zu entdecken, an einigen einfachen Beispielen zu zeigen und für alle Vielecke zu beweisen.

Die aktive Teilnahme des Gesprächsleiters schien nach der Darstellung der Aufgabe zunächst beendet zu sein. Es war die Aufgabe der Gruppenmitglieder, selbst einen Weg zu finden, der zur Lösung führte, den möglichen Zugang und so weiter. Die Arbeit der Gruppe kann wie folgt beschrieben werden: Jemand schlug einen Weg oder eine Teillösung vor, die andern besprachen dann die Sache, machten Kommentare, schlugen Möglichkeiten der Überprüfung vor, modifizierten den Vorschlag, und wenn der Gedanke für alle einleuchtend war, wurde er angenommen, andernfalls abgelehnt. Entscheidend war, daß alles offen, vor der ganzen Gruppe und in Anwesenheit aller geschah. Die Vorschläge, Beispiele, Versuche und Lösungen wurden auf Papier geschrieben und blieben an der Wand hängen, so daß jeder einen klaren Überblick darüber hatte, was bisher getan wurde.

Allgemein betrachtet heißt dies: Alles, was die Lösung der Aufgabe betrifft, wird von den Teilnehmenden entschieden, der/die GesprächsleiterIn bleibt im Hintergrund und tritt nicht in die Geschehnisse in der Gruppe ein, um das Denken der Teilnehmenden nicht zu beeinflussen. Seine/Ihre zurückhaltende Rolle besteht darin, auf die Einhaltung der Regeln zu achten und darauf, daß das Gespräch nicht vom Thema abweicht. Gleichzeitig achtet er/sie darauf, daß der Verlauf des Gesprächs für alle Gruppenmitglieder verständlich bleibt. Wenn es einen Hinweis auf ein Mißverständnis gibt, unterbricht er/sie das Gespräch und fordert auf, die Sache zu klären. Er/Sie unterbricht das Gespräch auch, wenn mehr als ein Problem gleichzeitig besprochen wird oder das Gespräch in Schwierigkeiten kommt. In solch einer Situation bittet der/die GesprächsleiterIn die Teilnehmenden, über das Gespräch nachzudenken und zu versuchen, über die Situation zu reflektieren und von der Reflexion aus die aporetische Schwierigkeit zu lösen.

Eine weitere Aufgabe des Gesprächsleiters/der Gesprächsleiterin ist es, am Beginn jeder Sitzung die Ergebnisse der vorangegangenen zu wiederholen und die TeilnehmerInnen an die zuletzt besprochene Frage der vorigen Sitzung zu erinnern, die wieder aufgenommen werden sollte. In ähnlicher Weise rekapituliert er/sie die Ergebnisse jeder Sitzung an deren Ende und formuliert – gemäß den Wünschen der Gruppe – die Frage, mit der bei der nächsten Sitzung begonnen werden soll.

In unserer Gruppe waren – außer dem Gesprächsleiter – zwei andere erfahrene SokratikerInnen, die zusammen mit den anderen an der Lösung der Aufgabe teilnahmen. Als Teilnehmer kann ich nicht beurteilen, ob, und wenn ja, in welchem Maße, sie eine besondere Rolle gespielt haben. Auf jeden Fall waren diese SokratikerInnen und die übrigen Teilnehmenden gleiche Partner. Zu dieser Atmosphäre der Gleichheit hat bei unserem Sokratischen Gespräch die Tatsache beigetragen, daß wir unsere Mahlzeiten und Freizeiten gemeinsam hatten. Eine gewisse Rolle spielte auch die Abgeschiedenheit – das Seminar fand an einem abgelegenen Ort statt. Keine alltäglichen Sorgen und Pflichten störten uns, und der Sokratische Kreis war während der ganzen Zeit unsere einzige Gesellschaft.

Unser Sokratisches Gespräch dauerte vier Tage. Jeden Tag war die Diskussionsarbeit in zwei Blöcke geteilt. Am morgen von 9 bis 12 Uhr und am Nachmittag von 14 bis 19 Uhr. Während dieser Zeit arbeiteten wir an der gestellten Aufgabe. Es gab eine kleine Pause in der Mitte jedes Blocks. Jeder Tag wurde dann mit einem sogenannten Metagespräch beendet. Das Ziel des Metagesprächs war nicht mehr, eine Lösung für die gestellte Aufgabe zu finden, sondern über die bisherige Arbeit, über die Situation in der Gruppe und die Sokratische Methode zu reflektieren. Sehr wichtig waren im Metagespräch kritische Äußerungen, die zu Entscheidungen führen könnten, durch die das Gespräch effektiver würde. Das Metagespräch folgte den gleichen Regeln wie das Sachgespräch, d.h. es mußte vor allem deutlich werden, wovon die Rede war. Während der Arbeit an unserer Aufgabe fanden wir ziemlich schnell den vermuteten Zusammenhang zwischen dem Flächeninhalt des Vielecks und der Zahl der Gitternetzpunkte am Rand und im Innern des Vielecks. Wir haben die gefundene Regel auch an einfachen Vielecken bewiesen. Es ergab sich eine interessante Entwicklung: Einige Mitglieder der Gruppe begannen, den Zusammenhang zwischen der Lösung der Aufgabe und der Beschaffenheit des gegebenen Bereichs, des Gitternetzes, zu bemerken. Einer der Gründe, warum dieser Zusammenhang auffallend zu werden begann, war die Tatsache, daß der gegebene Bereich (das Gitternetz) der gewöhnlichen Geometrie nicht entspricht, und daher die allgemein bekannten, geometrischen Sätze (z. B. der Satz des Pythagoras) hier nicht ohne weiteres benutzt werden können. So zwang bereits die Formulierung der Aufgabe die Teilnehmenden zum eigenständigen Denken und zu eigenen Schlußfolgerungen.

Die Tatsache, daß wir mit der Lösung unserer Aufgabe nicht bis ans endgültige Ziel kamen (nämlich zu beweisen, daß die gefundene Regel für alle Vielecke gilt) erwies sich schon während des Lösungsprozesses als zweitrangig. Allen wurde klar, daß die Aufgabe oder die Anstrengung, um zur Lösung zu kommen, das ist, was die Teilnehmenden gemeinsam haben, was es ihnen ermöglicht, ein Gespräch überhaupt zu führen. Dies führt sie konzentriert zusammen und verhindert durch seine Bestimmtheit, daß sich das Gespräch in vage Gemeinplätze auflöst. Was bei der allmählicher Lösung des Problems geschah, erwies sich wichtiger als die Lösung selbst. Was in der Gruppe während der Arbeit an der Aufgabe vorgegangen war, war oft das Thema des Metagesprächs, das zeigte, wie wichtig diese Fragen den TeilnehmerInnen waren.

Das Geschehen in der Gruppe während der Lösung der Aufgabe kann wieder allgemein von zwei Gesichtspunkten aus betrachtet werden: Einerseits in Hinsicht auf eine/n Teilnehmenden und andererseits in Hinsicht auf die ganze Gruppe. Da niemand in der Gruppe außer den erfahrenen SokratikerInnen MathematikerIn war und jede/r der Aufgabe zum ersten Mal begegnete, drängte sich eine sokratische bzw. platonische Frage der Erkenntnis auf: Wie kann ich etwas erkennen, das ich bisher nicht gesehen habe, was sich aber in dieser Erkenntnis als etwas erweist, das immer so sein muß, wie ich es jetzt erkannt habe?

Der zweite Gesichtspunkt ist mit dem ersten eng verbunden: Das Erkennen wurde gemeinsam erreicht dank der Gesprächsmethode (oder des Gesprächs selbst), die es tatsächlich erzwang. Nicht nur war jede/r GesprächsteilnehmerIn genötigt, über das Problem nachzudenken, das ihm/ihr sonst nicht in den Sinn gekommen wäre, sondern er/sie wurde auch – durch die Äußerungen der andern – veranlaßt, die eigenen Gedanken zu Ende zu denken, seine/ihre Gedanken zu äußern und sich um die Zustimmung zu ihnen durch die andern zu bemühen. Andererseits mußte jede/r TeilnehmerIn auch die Gedanken der anderen durchdenken und sie möglicher Weise den eigenen Gedanken vorziehen. Parallel zu der gedanklichen Arbeit und der Gesprächsarbeit fand die Reflexion über die gemeinsame Anstrengung und über die Bedeutung des Konsens statt. Fragen, die dann im Metagespräch erörtert wurden.

Zusammenfassend können wir verschiedene Ziele feststellen, auf die sich diese Art von Seminar richtet:

Erstens ermöglicht es den Teilnehmenden, mit einem konkreten Problem aus einem bestimmten Bereich (in diesem Falle Mathematik) bekannt zu werden. In Verbindung damit wird der/die TeilnehmerIn auch – und das ist wichtig – mit dem Bereich von innen bekannt. Das Thema wird aus einem anderen Gesichtspunkt betrachtet, als es normaler Weise in der

Schule angeboten wird, und daher kann es als eine Sache lebendigen Nachdenkens erfahren werden.

Zweitens wird der/die TeilnehmerIn motiviert, selber mit Nachdenken zu beginnen, sei es über die Aufgabe, das Thema oder was mit ihm/ihr oder der Gruppe während des Prozesses und während der Suche nach der Problemlösung geschieht. Es hängt von jeder einzelnen Person ab, wie viel er/sie daraus gewinnt.

Ich sehe es als eines der wichtigsten Ziele des Sokratischen Gesprächs in einer politischen Hinsicht an (politisch im weitesten Sinne des Wortes), daß die Methode, bzw. die Regeln des Gesprächs verhindern, daß es sich in eine Konfrontation verwandelt, in der die Durchsetzung des Individuums das Wichtigste ist. Diese Methode bewirkt im Gegenteil, daß alle Teilnehmenden den selben Weg gehen und konstruktiv zusammenarbeiten. Das Sokratische Gespräch schafft Raum für das Bemühen um eine Lösung und dient nicht bloß der Selbstbestätigung des Individuums (man kann Bestätigung finden durch einen guten Gedanken, aber nicht durch Rednergabe). Die gemeinsame Aufgabe ist das, was alle Teilnehmenden gemeinsam haben, was alle zusammenschließt, und was ihre Handlungen und Gedanken bestimmt. Wenn man als TeilnehmerIn in dieser Hinsicht entsprechende Erfahrungen gemacht hat, dann wird deutlich, daß das was im Sokratischen Gespräch geschieht, die gestellte Aufgabe bei weitem übertrifft.

*Dieser Text ist eine Übersetzung der gekürzten Version des Artikels, der in der tschechischen Fachzeitschrift »PEDAGOGIKA« erscheint.*
*Übersetzung: Tereza Havelkova und Nora Walter/Mechthild Goldstein*